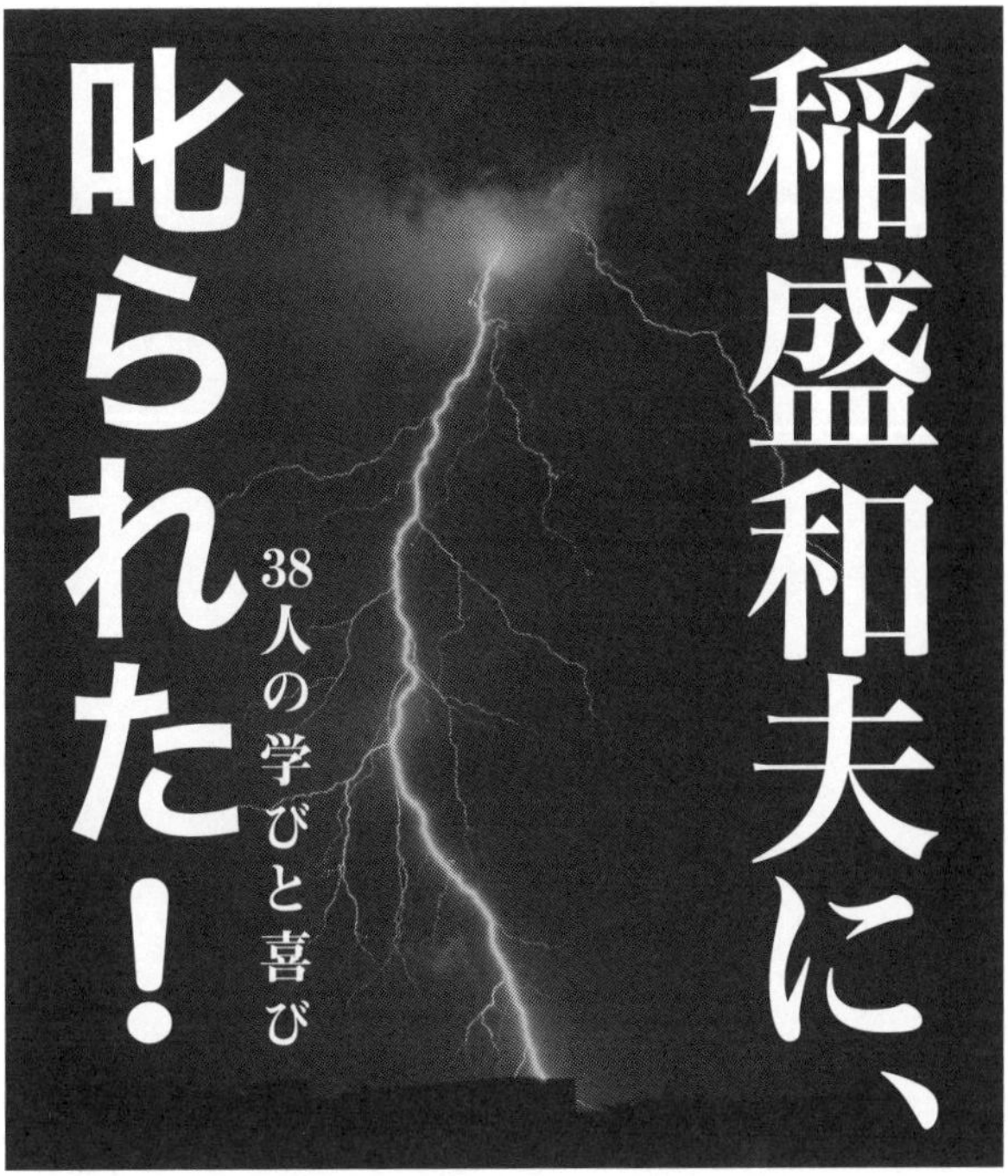

稲盛和夫に、叱られた！

38人の学びと喜び

出版文化社

ご推薦文

『稲盛和夫に、叱られた！』――私がこのタイトルを見た時、かつて所属していた盛和塾で、稲盛さんがものすごい剣幕で塾生を叱っている場面が浮かんできました。「何を考えているんだお前は！」「もっとしっかりやらなアカンやないか」「いったい何を勉強しているんだ」など、それはもう今の稲盛さんのイメージとかけ離れた厳しいご指導でした。

読者の皆さまは、なぜ柔道家・山下泰裕が経営者の集まりである盛和塾で勉強していたのかと思われるでしょう。ここで稲盛さんとの出会いを簡単にご紹介します。さかのぼること約20年前、私が全日本柔道の監督をしていた時のことです。

ある女性から米国のポール・J・マイヤー氏の自己啓発研修教材を紹介され、高額な物でしたが、人生や仕事について勉強したいと思っていた私は、そのセットを購入しました。その方が所属していた会社の代表者が盛和塾生の三好比呂己さんで、後日、三好さんより稲盛さんの講話テープを12～13本頂きました。私はそれを大学に行く車の中で聞いていましたが、マイヤー氏の教材に手が着かないほど、稲盛さんのテープにのめり込みました。「利他の心」や「共生と循環」「大善をなす勇気」「垂直登攀《とうはん》」など初めて触れる考えばかりでしたが、自分と重ね合わせるうちに「この人はすごい。とてもこんな生き方は真似できないな」と思いました。私はスポーツ教育の分野でしたが、人としてどういう人生を目指すのか、いかに生きるかといった部分は同じだと感じたのです。擦り切れるくらいテープを聞き、本も片っ端から読んでいきました。ある晩などは、夢の中でニコニコしている稲盛さんが出てくるほどでした。

その後、盛和塾の方たちと親しくなりました。皆さんとお付き合いする中で感じたのは、非常に前向きで、謙虚で、「ど真剣」に生きている方が多いということです。私は直接経営に関わる立場ではありませんが、「稲盛哲学は人生全般に応用できるはずだ。私もこの人たちの間に入って学びたい。100分の1でも稲盛さんに近付きたい」そう思い、盛和塾に入ることにしました。

稲盛さんからは本当に多くのことを学びましたが、一番感銘を受けたのは「思いの大切さ、強さ」です。私は日本オリンピック委員会、全日本柔道連盟の会長になったり、東海大学で副学長になったりしていますが、自分の能力よりもはるかに高く評価され、役職に就かせていただいている気がしています。このプレッシャーの中で職務をこなせているのは、同じ志を持った多くの人に支えられているからだと思うようになりました。なぜこんなに多くの方が私に共鳴してくださるのか——今になって考えると、私は他の人よりも「より良い世の中にするために自分ができることで貢献したい」という思いが強かったからではないかと考えています。

また、稲盛さんはよく「利他の精神」ということを仰っています。私も普段からそれを意識して生きていますが、時々、自分を認めてほしいあまり「利己の精神」で行動してしまい、自己嫌悪に陥ることがあります。他の塾生であれば、すぐにでも稲盛さんのカミナリが落ちてくることでしょう。それも講話テープを聴いてからは「稲盛さんだって毎朝、鏡を見ながら反省されているんだから、私が反省するのは当たり前だ」「自分はダメなやつだと思っていた方が、ずっとずっと健全なんだ」と思えるようになりました。

ずいぶん前置きが長くなってしまいましたが、この本には、私が今まで柔道指導者をしながら考えてきたこと、知りたかったことがたくさん書かれています。稲盛さんの厳しいご指導を通じて、はっとさせられる言葉にうなずかされ、驚かされました。読み物としても大変面白い。そして何より厳しいご指導の中に稲盛さんの深い愛情、思いやりが込められていることが分かります。

その人が抱えている問題に対して、本質を見極め、モヤモヤがスーッと消えてしまうアドバイス。私は実際に盛和塾に参加していましたから、本当にすごいなあと何度も思いました。そんなお話がたくさん掲載されています。

今になって「うらやましい、私は稲盛さんに

山下氏

叱られたことがない――」とすら感じたほどです。盛和塾は２０１９年12月で閉塾してしまいましたが、実際に厳しい指導を受けられた方を中心に稲盛哲学は脈々と受け継がれています。稲盛さんがなぜあれだけ多くの人をひきつけるのか。何がすごいのか。このような問いに本書は明快に答えてくれるでしょう。稲盛さんにお世話になった方だけでなく、稲盛さんのことを知らない方も含めて広く読まれることを祈念いたします。

山下　泰裕（柔道家）

目次

●「テーブルにあるものを全部取ってはいけない」

石田　昭夫　㈱日本産業推進機構　副会長兼パートナー

京セラが京都の一地方企業からグローバル企業として成長していく中で、元メリルリンチ日本証券株式会社副会長の石田昭夫氏は、その戦略アドバイザーとして30年近く稲盛和夫塾長に随伴した。現在は日本産業推進機構（NSSK）副会長兼パートナーとして、地方企業を中心に投資支援を行っているが、その原点はキャリアの初期に稲盛塾長から事業を通じて〝利他の心〟を学んだことにある。「〝利他の心〟とは、フェアであること」と自らに問い続け、投資先企業にフィロソフィの浸透を進めている。

●「お前は飯を食いに来たのか」

私と稲盛さんの出会いは１９７０年代の初めにさかのぼります。国内銀行の海外支店勤務から帰国し、証券会社に転職して最初の仕事が、海外の投資家を国内の企業に連れて行くことでした。そこで初めて担当したのが京セラです。当時、日本企業が海外に進出する中で、外国人投資家の目も国内の企業に向くようになりました。エレクトロニクス分野ではソニー、そして

ります。

私は外国人投資家の通訳として毎月同行し、稲盛塾長のお話を聞きました。仕事の話だけでなく、哲学、宇宙、化学……とさまざまな話題で、専門用語も交えた対話について完璧な通訳を求められました。そこで最初のお叱りを受けることになります。

京都の都ホテルでフランス料理を頂きながら会食をしていたときのことです。私も慣れてきたため、メモも取らずに料理を食べながら通訳をしていました。投資家が帰った後です。

石田氏

「お前は飯を食いに来たのか。通訳しに来たのではないのか。なぜメモを取っていないのか。俺は大切なことを言っているのだから一言一句訳せ」

と一喝されました。内心、本業じゃないのだからそんなことを言われても、と思いましたが、それを口に出すと突かれますから口にはしませんでした（笑）。その時の剣幕を今でも思い出しますが、稲盛さんは本当にどんな時も全てが仕事で、手を抜かれることは全くありませんでした。自社、他社の人の区別なく、彼を取り巻く全ての人に厳しく真面目に、一生懸命に仕事に打ち込むことの大切さを教わりました。

その後1年ほどして、私は外資系のメリルリンチ日本証券に移り、国内の企業に事業戦略のアイデアを出して海外を含めた資金調達やM&Aを手掛けました。京セラとは、1975年に京セラ株式のアメリカでの預託証券（ADR）発行、さらにニューヨーク証券取引所上場を幹事（会社の担当）としてお手伝いさせていただきました。1974年に京セラは東京証券取引所、大阪証券取引所の第一部に上場しました。翌1975年には東証一部でソニーを抜いて株価日本一となり、まさに右肩上がりの成長企業でした。

当時、稲盛さんは40代でした。語弊があるかもしれませんが、まだまだ粗削りといった印象でした。アイデアは面白いけれども、現在の稲盛経営哲学に通じるさまざまなことが、地に足が付いていない時代でした。とにかくがむしゃらで前向きだけれど、ちょっと大丈夫かなと思うこともやってしまう。自信もあったのでしょう。見ていてハラハラするけれども、社員と同じユニフォームを着込んで、朝から晩まで働く。それでもできなかったら次の日まで働く、というイケイケドンドンの時。その中で海外の動向をお伝えするのが私の役目でした。

その少し前から私は、京セラがすでに営業所を置いていたアメリカでの株式公開を提案し、ADR発行をお勧めしました。

●納得するまで「なんでや」と問い続ける

上場に対する稲盛さんの考え方には、「まず何のために上場するのか」がありました。どんな形で上場するのであれ、何のためにするのかが分からないならば、してもしようがないだろうということです。稲盛さんは何をやるにしても最初に「何のためにやるのか」の問いがあります。加えて、理解できないことがあれば理解できるまで「なんでや」と聞く。例えば、ADR売り出しには目論見書を作らないといけないのですが、そのために連結会計処理が必要でした。しかし、当時日本の企業でも採用している例はわずかでしたし、その基礎から議論をしていきました。アメリカの弁護士、公認会計士も入っていますので、英語も飛び交います。

その中で稲盛さんは、最後の最後まで、たとえ夜中になろうとも分かるまで聞き続ける。いわゆる業界慣習も稲盛さんの前では通用しない。そして安易な妥協は決して許さない。専門家である私たちが開眼させられる瞬間が度々ありました。全てを理解して納得してやるのが稲盛さんのやり方ですが、

企業データ

企業名●㈱日本産業推進機構
設立●2014年12月
所在地●東京都港区愛宕2-5-1 愛宕グリーンヒルズMORIタワー17階
従業員●8000名
事業内容●国内外の出資活動・出資先企業の支援

アメリカのロードショーにて
石田氏（右から2人目）と稲盛氏（右から3人目）

そのような経営者を私自身見たことがありませんでした。

特に「人間として何が正しいのか」ということについては、アメリカの投資家にも理解してもらえるような真摯《しんし》な説明を目指されていました。また、その会議の場で、今とは少し表現は違いましたが、「物事は常に真剣に取り組まなければならない」「日々最大の努力をしなければならない」「人間たるもの優しくなければならない」「渦の中心になれ」などのフィロソフィについても教わりました。

思い出すのは、最初のＡＤＲ発行のときの価格の値決めです。投資家を回る〝ロードショー〟と呼ばれる会社説明会で稲盛さんの熱意が伝わり、予定額を大幅に上回る応募額があったため、発行金額をその分さらに上乗せしました。証券会社としては、発行会社のためになるべく高く売りたいのですが、稲盛さんは逆に少し下げた価格での売り出しを望まれました。稲盛さんいわく「テーブルにあるものを全て取ってはいけない。少し相手方に残しておかなければいけない」。そうすれば、今後も買ってもらうことにつながるだろう、ということです。

こんなことを考える社長はなかなかいないと思いました。相手に対する思いやりであり、買ってくれた方々への「ありがとう」という稲盛さんの感謝の気持ちでもあります。何が正しいのかを言われたのです。

京セラに関心を持たれた全ての人を幸せにする「世のため、人のため」の〝利他の心〟を示され、皆に対してフェアな結論を出されたのです。このＡＤＲ発行は大成功しました。その後の京セラの業績も株価も大躍進。この出来事はウォール街の語り草にもなっています。

当時私は30代に入ったばかりの頃で経験も浅く、自分も諸制度を勉強しながら稲盛さんと議論を重ねましたが、自分の理解できないことをそのまま伝えるとやはり叱られましたね。自分の仕事のスタイルはその時に確立されたと思っています。それ以降、日本を代表する国内の大手自動車メーカーや電機メーカーなども担当しましたが、キャリアの初期に稲盛さんと仕事をさせていただいたことが大きな財産となりましたし、稲盛さんには、受けたご恩に対する感謝の気持ちしかありません。

稲盛さんからは他にも、愚直に努力をすることの大切さを教わりました。仕事で辛いことがあっても、それはお坊さんでいうところの精進と同じ、自らの徳になると考えられることです。今でも愚直に真面目にさらに努力を心掛けています。

●〝利他の心〟とはフェアであるかということ

稲盛経営哲学の〝利他の心〟を、私はフェアであること、と捉えています。自分に対しても、他人に対してもフェアであること。他人との仲違いは自分が正しくて相手が間違っていると思うことが大半でしょう。ビジネスにおいても「ここまでならやっても大丈夫ではないか」と自分なりの正しさを持って自らに厳しくしていないところがある。例えばサービスの手数料だとしたら、「ここまで取っても分からないだろう」と多く取ってしまう。すると次からはそこが基準になり、次もどんどん多く取っていってしまうかもしれない。

常に自分にとっての正しさを持っていないとその線がどんどんずれていってしまう。それは自分以外の誰も直してくれない。自分で気が付かないといけません。

メリルリンチ日本証券には33年おりましたが、この業界でこれほど長く同じ会社にいた証券マンも珍しいでしょう。転職することが一つのステータスとされている業界ですから、一時は非常に不思議な目で見られていたこともありました。

ただ、私個人としては、稲盛さんから教わった「フェアな仕事をすること」を自分なりに実践してきただけなのです。自分が誰のために何のために働いているかを考えたときに、例えば京セラなら京セラ、メリルリンチ証券ならメリルリンチ証券のためだけに働いてはいけない。両社の利益だけを考えるのではなく、その株式を買ってくださる投資家からも取引所からも喜ばれ、「フェアな取引だった」と思われるような仕事をしてきたつもりです。ですから、お客様とフェアに接していけるという点で、メリルリンチ日本証券を動く必要がありませんでした。

メリルリンチ日本証券に転職しようとしていたときのことです。稲盛さんから「京セラに来ないか」とお誘いを頂いたことがあります。その時は、「私は外にいますが、メリルリンチ証券にいながら、ずっと稲盛さんのために働きます」とお答えしました。これまで稲盛さんから教わったフェアであること、つまり〝利他の心〟を持つことを実践してきたつもりです。

私が生業の一つとしてきた企業買収についても、稲盛さんの姿勢から多くを学びました。ダイエーの経営が大きく傾いたときに、稲盛さんから「助けたい。でも立て直す自信はあるがリテール（小売）業については分からない。誰かいないか」とお電話をもらい、イオングループの岡田卓也代表をご紹介したこともあります。

稲盛塾長とのお仕事で印象に残っているのは、塾長が創業者の第二電電（ＤＤＩ）とトヨタ自動車系の日本移動通信（ＩＤＯ）を合併するときの交渉の場での出来事です。

国内の電気通信事業が自由化され、塾長は長距離電話料金が安くなることが国民のためになるとＤＤＩを立ち上げました。業界の巨人ＮＴＴに対抗するためには同業合併が必要となる中でＩＤＯと交渉を進めましたが、企業風土が異なることからも、お互いの主張がぶつかり合い、何年も進捗しませんでした。

私は両社のアドバイザーでしたが、とある事情でトヨタ自動車側に付くことになりました。

両社の内側を知っている立場から見ても、どうにも交渉が進む気配がありません。そこで今となっては「禁じ手」かもしれませんが、夜中に稲盛塾長の私用電話にご連絡して、落としどころを探りました。塾長からは「これは誰にも任せることができない仕事。新会社の株式は何%でもいい。しかし新会社の社長だけは僕がやらないといけない」とのお答えでした。さらにトヨタ自動車から役員を何人入れてもよいが、株式は2%多く持つこと、この条件をのんでくれたら他の条件は付けない、とのご提案でした。その英断でトヨタ自動車側と決着することができました。

普通の経営者なら、日本を代表するトヨタ自動車を前にしたならば、仕方がないと折れてしまうでしょう。稲盛塾長は自分の信念を曲げることをしませんでした。

●地方企業を元気にする

稲盛さんが手掛けた買収案件は自分から無理やり買いにいくのではなく、ほとんどがその会社を助けるための買収です。私が望むM&Aの原点もそこにあります。

私が副会長を務める日本産業推進機構（NSSK）の投資テーマの一つに「全国やグローバルに展開する可能性を有する優良な地域産業」への支援があります。稲盛さんが仰っていたように「中小企業が元気にならなかったら日本は元気にならない」という考えにつながっていいます。投資先の17社ほぼ全てが地方に所在します。地方にあるキラリと光る事業を持っている会社にまず元気になってもらう。そして、国内で大きくなってもらう。グッドからベター、そしてベストにしようとしています。

ＮＳＳＫの社是には、稲盛さんの京セラフィロソフィが入っています。京セラコミュニケーションシステム会長を務め、稲盛さんが日本航空再生のときに会長補佐として尽力された大田嘉仁氏に特別顧問に就いていただいています。投資先会社に京セラフィロソフィを引き継ぐ「ＮＳＳＫフィロソフィ」の浸透を図り、さらに事業を伸ばしてほしいと思っています。

●「お互いに真剣勝負しとるんやから、取りなさんでええ」

藤田　直志（日本航空(株)特別理事〈取材当時　取締役副会長〉）

日本航空（ＪＡＬ）は２００８年のリーマンショック、２００９年の新型インフルエンザの流行などの影響を受けて２０１０年に経営破綻した。政府と企業再生支援機構からの依頼で稲盛和夫氏は同年２月に会長に就任。稲盛氏は、航空運輸業にはまったくの素人であったが、フィロソフィとアメーバ経営の導入により業績をＶ字回復させ、２０１２年には再上場を果たした。

藤田直志氏は、稲盛氏がＪＡＬ再建に乗り出した年に執行役員に就任し、取締役副会長を務め、現在は特別理事を務める。稲盛氏から直接指導を受け、経営や哲学について学んだことを実践している藤田氏。コロナ禍で苦境に立たされるＪＡＬにおいて稲盛氏の教えがどのように生かされているのかを聞いた。

●現場視点で叱責の嵐

「おまえはどこを読んでいるんだ！　最初からちゃんと読まんかい！」

日本航空の会長に就任した稲盛和夫さん（現名誉顧問）に初めて叱られたのは、私が旅客営業の担当役員として報告書を持って行った時でした。

私は、稲盛さんがご多忙であることからA4用紙5枚にまとめた報告書の要点のみを読み上げ、他の箇所は読み飛ばしていました。その時に雷が落ちたのです。

「君が熟考して文章を作っていれば読み飛ばす箇所などないはずだ。私に持ってくる報告書は、一字一句飛ばさずに読みなさい！」

そして、こう仰いました。

「私のような技術者は、間違えたら取り返しがつかんのや。君ら事務屋は、間違えたら消しゴムで消せばいいと思ってるやろ。仕事は真剣勝負なんだから、ちゃんとした報告書を持って来なさい」

藤田氏

会長就任当時の稲盛さんにはよく叱られました。ある日、稲盛さんが客室の現場を巡回後に帰社されると、その場にいた役員が呼びつけられて叱られました。
「機内販売でお客様に売る商品を、ホコリだらけの陳列台に置いておくとは何事か。陳列台を皆でピカピカに磨いて、販売する商品を大切に扱いなさい！」
日本航空の機内でお客様に販売している商品の仕入れは、従来は外部に発注していました。稲盛さんは陳列台のホコリをきっかけに、社員の仕事への取り組み方の根幹に触れられました。

「客室の皆さんは、お客様に買っていただく商品を自分で使ったことがありますか」

「いえ。あまりないと思います」

と返事をすると、

「それでは商品は売れんだろう。売っている商品を自覚していれば、お客様へも自信を持って薦められるはずだ」

稲盛さんはさらにこの問題を掘り下げていかれました。それまで、機内で販売する商品は、外部の業者が仕入れを行い、そのままお客様に販売していました。その仕組みが問題でした。

「機内で販売する商品は自分たちで選定して、自分たちで仕入れをすべきだ。そして在庫管理も自分たちでやりなさい。その代わりに売上は実際に販売している客室本部に立ててやりなさい」

実際に自分たちで仕入れや在庫管理まで責任を持つようになると、売れる商品をどのように仕入れたら良いのかを必死に考えるようになります。販売する客室乗務員にとっても、売上が自分たちの功績になると、売る際の励みになるのです。

このように本部ごとに、縦割りの組織だったＪＡＬを、稲盛さんは現場の問題点を指摘して仕事の意識を高め、各本部に横串を刺して、風通しを良くしたのです。

●感情のしこり

稲盛さんが、破綻したＪＡＬを再生するために、会長に着任されたのは２０１０年２月１日。無報酬で会長職を引き受けられたそうです。それまでの私は、営業の部長をやっていましたが、いつも現場主義で、どちらかというと信念を貫くあまり、上司ともよくぶつかっていました。なぜ私が稲盛さんのもとで役員に任命されたのか、経緯は知りません。

着任された日の夜、新しい幹部や管財人の方々の何人かで、居酒屋で飲み会が開かれました。その席で、ＪＡＬには多くの組合があるという話になりました。稲盛さんは、「組合というのは社員の集合体なのだから、誠心誠意尽くせば分かってくれるはずだ」とお話されました。すると、長年労務に携わってきた役員から、「私も長い間努力してきましたが、うちの会社は大変厳しい関係です。その点をぜひ意識して下さい」と実情を説明しました。

それから労使関係の議論が次第に高じてくると、稲盛さんは顔を真っ赤に

企業データ

企業名●日本航空㈱
設立●1951年8月1日
所在地●東京都品川区東品川2丁目4番11号
従業員●13787名（連結3万6060名）
事業内容●定期航空運送事業及び不定期航空運送事業、航空機使用事業、その他附帯する、または関連する一切の事業

して、

「君の哲学が違うんや、精魂が違う」

と仰って、その役員におしぼりを投げつけたのです。

周りにいた私たちはオロオロするばかり。私は発言した役員に「お前は言い過ぎだ」とたしなめて、その場をとりなそうとしました。

それを聞いた稲盛さんは言いました。

「とりなさんでもよい。こいつは、自分の思っていることを正直にわしに言ってくれた。だからわしも正直に言っとる。お互いに真剣勝負をしとるんやから、取りなさんでええ」

その翌日、その役員が、社内の廊下をうつむきながら歩いていると、後ろから稲盛さんがやってきて、その役員の肩を叩きながら、こう仰ったのです。

「お前、どうしたんや。元気ないな」

実は私も、会長からこっぴどく叱られた後で、フォローしてもらった経験があります。

稲盛さんが会長に就任されてから、稲盛さんが塾長をされていた中小企業の経営者が集まる「盛和塾」の塾生の皆さんが「—盛和塾　JALを支援する55万人有志の会—JAL応援団」を結成して、JALに搭乗することで支援してくださることになりました。

その塾生の皆さんのご厚情に少しでも恩返ししようと、塾生向けに優遇サービスを設定し、そのことを、週刊誌に批判されたのです。私は稲盛さんから、

「バカもの！　真の善意に応えるとはどういうことなのか、よく考えろ」と叱られました。その翌日、定例記者会見でこの記事について質問されると、稲盛さんはこう答えました。

「盛和塾の塾生が真の善意でしていることに対して、方法は別としても、藤田も真の善意で返そうとしました。それだけの話です。以上」

稲盛さんは、記者からの批判に対しても、「こいつ（藤田）も必死でやっているんだ」とかばってくださいました。心底感激しました。

稲盛さんは大変厳しい口調で叱ります。その直後は心にグサッときますが、叱られた側にとっても感情的なしこりは残らず、自分が間違いを悟り〝変えなくてはいけない〟と思うようになるのです。

●三つの大義

破綻直後、ＪＡＬは世間から厳しい批判を受け、株主からは毎日お怒りの電話が絶えない状況でした。社内では、多くの先輩、同僚が会社を去り、残った社員も厳しい外科手術とも言える構造改革で疲れ果てて下を向き、それでも歯を食いしばって運航の安全を必死に守っていました。そんなＪＡＬに会長として来られた稲盛さんは、最初の挨拶の冒頭で、「私たちの会社」

と仰いました。稲盛さんの挨拶は、私たちの至らなさを責めるものではなく、自分も君たちの仲間で、自分が先頭に立って、みんなとともに会社の再生を目指すのだという内容でした。

そして、日本航空の再生は、日本経済に良い影響を与えてくれました。
一、ＪＡＬの再生は、日本経済に良い影響を与える。
二、残された社員の物心両面の幸福を追求する。
三、２社の健全な競争は利用者、国民のためになる。
その三つの大儀を示されたことで、それまで下を向いていた私たちは厳しい道の先に希望の明かりを見た気持でした。


私は、役員に任命されたものの、能力が特に秀でているとは思いませんでしたので、どういう心構えで取り組むべきか悩んでいました。

その時に、「能力や技術が特段秀でていなくても、だれにも負けない努力を続けなさい。『あの人は、いつ見てもかわいそうなぐらい頑張っているから、みんなで応援してあげようかしら』と思われるぐらい頑張れば社員はついてくる」と励まされました。

そう言われて、「誰にも負けないぐらい頑張る」には何をすべきか考えました。そこで、比叡山で修行されておられる行者が行う〝千日回峰行〟ならぬ、「千日仕事」を始めたのです。

私は、役員室と会議室にずっといるのではなく、時間があれば空港やコールセンターなどの現場を回り、社員の皆さんと話をする。あるいはお客さまにご挨拶回りをし、新規の契約を営業と一緒に取りに回ることを続けました。

千日仕事をやり始めると、意外と苦痛ではありませんでした。それ以上に、現場の社員の話を聞いて改善すべき問題点が浮かび上がったり、お客さまからどんどんアイデアもいただいたりしました。それまでは、役員が現場に来ても、本音を言ってくれる社員はほとんどいませんでしたが、千日も現場回りを続ける中で、現場の社員と顔見知りになって、しだいにため口で話をするようになり、本音が聞けるようになったのです。

〈これだっ〉と、頑張った成果を実感したものです。

●アメーバ経営導入時、経営幹部はことごとく叱られる

稲盛さんが会長に就任されてから、数字に基づいて経営することを目的に導入された仕組みがアメーバ経営です。これは、会社を小さな独立採算の組織に分けて、「売上最大、経費最小」を目指し、会社全体の収益の向上につなげることを目的としています。

月ごとに各本部の収入と費用の数値が出ることで、それを幹部が発表する業務報告会が開催されることとなりました。従来のＪＡＬでは、こうした会議では幹部の後ろに事務方が座り、幹部の発言の際に後ろから耳打ちをするような習慣がありました。それを見た稲盛さんは、

「君らは後ろで聞いていなさい。担当している本部の数字も把握できていない本部長など要らん」と仰いました。

業務報告会で、稲盛さんは本部ごとの毎月の数字を把握しているかのように、「お前、先月の水道光熱費がなんでこんなに増えたんや」などと、厳しい追及をします。

答えられない本部長は、「お前は本当に経営しているのか？」と怒られる。それが、毎月続くので、本部長が数値について自分で勉強して確認するようになっていきました。そこで「水道光熱費の請求を後回しにして、2カ月分まとめて払っていた」とか、「無駄に経費を使っていた」などと気が付くわけです。

破綻前のＪＡＬでは、航空業は世のため、人のための業界で、利益を上げ過ぎてはいけないという風土がありました。利益が大き過ぎると、「航空運賃が高いからだ、もっと下げろ」と批判されたり、社内の組合からは「手当を増やせ」という要求も起こりました。

それに対して稲盛さんは、「武士道があるように、商人道というものがある。商人道に背かなければ、必ず社会から尊敬される会社になる」という考えでした。経費を削減すると安全運航を守れないという声には、「安全を守るためには、投資も必要ではないか。利益が出なければ安全は守れないではないか」と社内に説かれたのでした。

●稲盛イズムの浸透

再生が始まった最初の年は、夏までに裁判所へ再建計画を提出しなければなりませんでした。しかし、その最中に6月から新しい幹部や部長52名を対象にリーダー勉強会が始まりました。教育は三部構成で、一部は稲盛さんの講話、二部はそれを受けてのグループディスカッション、三部はコンパと続きます。コンパは乾きものと缶ビールが出され、お互いが胸襟《きょうきん》を開いて語り合うことが目的です。単なる飲み会と思って出席している者は、厳しく叱られました。

講話の内容は、具体的な改善や再建計画についてのアドバイスではなく、毎回毎回、人として正しい判断をするとか、人の生き方や生きる目的といった哲学的なお話ばかりでした。

企業については、

「企業というのは本来無機質なもんや。そこに働く社員の気持ちが企業の性格を決めているんだ。

フィロソフィ手帳を片手に語る藤田氏

JALが官僚的な会社と言われたのは、君ら一人ひとりが官僚的な考え方、働き方をしてきたからだ」

私たちは、返す言葉もありませんでした。

稲盛さんのご自宅は京都ですが、新幹線を利用されると便利なのに、わざわざ伊丹空港からJALの飛行機を利用されました。機内を見渡せる最後尾の普通席に座り、お客様が荷物棚に手荷物を入れるのを手伝っていたと、客室乗務員から聞きました。

また、時間があればよく現場にいらっしゃいました。現場では、管理職が会長を紹介している間に、自ら社員に近づいて握手をしながら一人ひとりに「頼むぞ」と声をかけて回られました。昼は社員食堂で社員と並んで、一緒にそばを食べられることもありました。厨房の中にいるおばちゃんには、「いつもありがとうな」と声をかけて感謝の気持ちを伝えておられました。どんな人にも感謝して回る姿勢から、現場主義を学ばせていただきました。

昼食を食べに行く時間がない時は、テイクアウトの牛丼やハンバーガーを好まれました。夜は、午後7時頃にお帰りになりますが、ホテルへ帰る途中にコンビニに寄っておにぎりを二つ購入され、「これ、わしの晩飯や」と仰いました。

「経営者は人を惚《ほ》れさせる」といつも稲盛さんは仰いましたが、それは稲盛さんご自身のことです。受け狙いで何かをするのではなく、経営者が会社や社員のことを思いながら一生懸命に働かれる姿を目の当たりにして、周りの人が惹《ひ》かれるのでしょう。

ＪＡＬでは、幹部より先に現場で働く人たちに〝稲盛イズム〟が浸透していきました。リーダー教育の最終回が開かれた最初の年の夏のコンパの席で、「私たちも、京セラのようにＪＡＬフィロソフィを作りたいね」という声が上がりました。ＪＡＬフィロソフィは、良い会社を目指すための全員で共有する「意識・価値観・考え方」を言葉に表したものです。

全部で40項目あり、「一人ひとりがＪＡＬ」はそれぞれの持ち場、立場で自分たちの果たすべき役割を精一杯やり遂げていくことです。「最高のバトンタッチ」は社員同士の連携の大切さ、「感謝の気持ちを持つ」はご搭乗いただくお客様に対してだけではなく、社員一人ひとりが生かされていることへの感謝の気持ちを持つ、という意味が含まれています。

稲盛さんが会長に就任され、翌々年度には２０４９億円の営業利益を計上し、その後も業績が改善しました。しかし、単に利益を上げることが目的ではなく、「お客様や取引先にもメリットはあるのか」とフィロソフィに立ち返って、仕事を行うように変わっていきました。

●コロナ禍でのＪＡＬ

現在、新型コロナウイルスの拡大で、ＪＡＬは非常に厳しい状況に置かれています。それでも、これまでの稲盛さんの教えに沿って、自己資本比率を高める、営業利益率は10％以上を目指す、機材等の投資は慎重に行う、そしてアメーバ経営による収入を最大に、費用は最小に、を心掛けてやってきましたので、世界の航空会社の中でもトップクラスの健全な財務体質を維持することができています。

しかし、コロナ禍においてはそれでも十分ではありませんでした。

今では、全社員が稲盛さんの「不況に対する五つの施策」をＪＡＬ版に置き換えて全力で取り組んでいます。

一、「全員営業」では、積極的に社外に出ていき、世の中に役立つ活動を献身的に実施してくれています。

二、「新商品の開発」では、旅客便を貨物運送に転用して、世界や国内での物流に貢献しています。

三、「コストを徹底的に引き下げる努力」については、毎月実施される業績報告会の数値が示すように、役員、社員が一体となって費用を最小にすべく日々努力を続けています。

四、「生産性を高める」では、多くの社員がテレワーク、在宅勤務を計画的に実施して働き方改革を実施してきました。

五、そして「従業員との円滑なコミュニケーションを維持する」では、毎日オンラインで開催されるフィロソフィ勉強会に、国や地域を超えた多くの社員がど真剣に参加してフィロソフィの学びを深め、実践についての情報交換が行われています。

世界や日本を取り巻く状況は大変ですが、稲盛さんの指導により、ＪＡＬは筋肉質な企業に生まれ変わりました。

コロナ禍を超えてさらなる成長を遂げていきます。

●最後の最後に厳しく問われた「動機善なりや、私心なかりしか」

大田　嘉仁（元稲盛名誉会長特命秘書・㈱ＭＴＧ取締役会長）

――大田さんは１９５４（昭和29）年のお生まれで、鹿児島のご出身でしたね。

大田　ええ、たまたまですが、稲盛さんと同じ町内（鹿児島市薬師町）の生まれです。ただ、京セラという会社（以下、京セラと記します）は知っていましたが、稲盛さんのことは、京セラに入るまではほとんど知りませんでした。

――京セラに入られたのが１９７８年で、どのような職種を経験してこられたのですか。

大田　海外への関心が高く、海外営業を希望していたのですが、実際にそこに配属され、非常に幸運でした。３年目ぐらいからは海外出張の機会が増えました。当時、海外出張に行けるのは役員クラスがメインで、フライトは基本的にビジネスクラスで予約されていたためだと思いますが、若造の私も同じようにビジネスクラスに乗っていました。ちょっと気恥ずかしいところもありましたが、本当に恵まれていたと思います。出張先は欧米ばかりで、多い年には１年の３分の１ほどは出張していました。

１９８８年には、経営を勉強したいと、社費で米国ジョージワシントン大学のビジネススクールに留学をさせてもらいました。1990年、幸運にも首席で卒業でき、帰国すると、当時の稲盛会長から呼ばれ、新たに「経営企画室」という部署を設けるので、社長に就任したばかりの伊藤謙介さんをサポートしなさいと言われ、そこでの勤務が始まりました。ところが、1991年に稲盛さんが政府の行政改革審議会（以下、行革とします）の部会長に就任されることになり、急遽《きゅうきょ》、兼任でしたが、稲盛さんの〝特命秘書〟という役を仰せつかりました。行革が3年で終わって「元に戻ります」とお伝えしますと、稲盛さんから「秘書室に異動して、私の秘書をしなさい」と言われて、以来、一緒に仕事をさせていただくことになりました。生まれ故郷が一番近いだけでなく、職場も一番近くなったのですが、本当に恵まれていた、運が良かったと心の底から感謝しています。

大田氏

――当時、徳留さんという方が秘書におられましたね。

大田　ええ、特命秘書から秘書室に入ったとき、私の上司が徳留さんでした。徳留さんは、それまでとても重要な仕事をしておられましたが、稲盛さんは私が秘書室に入るとすぐに、連絡を直に取ろうと仰って、私の机に稲盛さんとの直通電話を置かれました。それ以来、秘書室では、私が稲盛さんと連絡を取り合う時間が増え、他の方は少し仕事がしにくかったのではないかと思います。当時、徳留さんはいつも秘書室におられ、それが秘書の役割だとお話しされていたのですが、稲盛さんは、私には「一緒に付いて来い」と言われることも多く、徳留さんも戸惑っていたようです。その後程なくして、私は秘書室長になり、役員にもなりましたので、徳留さんをはじめ周りの人たちは「何だろう?」と思われていたかもしれません。

——大田さんの場合、秘書として、どういう役割をされたのですか。

大田　私の場合は、最初が行革担当の特命秘書でしたので、その後もスケジュール調整や送迎をするようなことはあまりありませんでした。行革では、稲盛さんが政府の要人と打ち合わせするときや会議のときには、「一緒にいなさい」ということも多かったので、秘書室に異動になってからも、同じような形での仕事が続いたように思います。

——具体的にはどんな仕事をされたのですか。

大田　社内外の重要事項を要約して報告し、指示をいただくというのがメインでしたが、政府関係者以外でも、稲盛さんが要人と会ったり、会食するときには同席することもよくありました。行革と同じような大きなプロジェクトを稲盛さんが始めるときは、それをサポートするような仕事も多かったように思います。

――そういうことでしたら、稲盛さんから厳しい指導を受けられたことも、多かったのではと思いますが、いかがでしょうか。

大田　最初は、緊張して話すことさえできず、「お前はいつまで緊張しているんだ」と怒られ、また緊張してしまうということが続きました。「お前は俺と一心同体でなくてはだめだから、よく勉強するように」とか、「お前は俺の代わりにいろいろな人と会うだろう。お前が横柄なら、俺もそう思われる。人間性も磨いてほしい」、また「周りの人には気を遣ってもいいが、俺には気を遣わなくていい。思ったことは何でも言ってくれ」など、しょっちゅう注意されました。そんな中でも、とても気を遣ってもらい、少しずつ緊張も解け、思ったことも伝えられるようになったように思います。

企業データ

企業名●㈱MTG
設立●1996年1月
所在地●愛知県名古屋市中村区本陣通4丁目13番MTG第2HIKARIビル
従業員●1301名
事業内容●美容ローラー「リファ」やトレーニング機器「シックスパド」などの製造・販売およびEC市場、リテールストア市場、グローバル市場等への提供

――出身が同じ鹿児島ですが、何かメリットはございましたか。
大田　そうですね。特命秘書になって間もない頃に「お前の出身はどこか？」と聞かれ、「同じ鹿児島です」と答えると、「鹿児島の人間は熱しやすく、冷めやすい。だから、仕事ができない人間も多い」と言われ、ちょっとがっかりしたことを覚えています。当たり前ですが、同郷ということで、何か特別扱いを受けたようなことは全くありません。ただ、鹿児島の気風は私の体の中に染み付いていましたので、稲盛さんの思想を理解するのは早かったかもしれません。稲盛さんは、私の父親が教師であったことをご存じで「先生の子供は甘やかされていることが多い。俺が父親代わりに厳しく指導してやる」とも仰られ、秘書になった時は、行儀作法から始まって、それこそ厳しい指導を受けました。

――具体的に教えてもらえませんか。
大田　まずは社会人、秘書としての基本的な動作などですね。挨拶や食事の仕方から服装に至るまで、事細かな指摘を受けました。ただ、単純なケアレスミスに対しては、厳しいものの優しく接してもらい、稲盛さんの人間の器の大きさを感じたことが度々ありました。

――よろしければ、それもご紹介いただけますか。
大田　恥ずかしいチョンボばかりですが、いくつか紹介させていただきます。秘書室に異動になって最初の頃ですが、稲盛さんが「髪が伸びたので、散髪に行きたい」と言われたことがありました。私は、すぐに稲盛さんがいつも行っている散髪屋さんの電話番号を調べ、お伝えすると、「自分で連絡する」と電話をされました。ところが、そこは散髪屋じゃなくて稲盛さんがよく行っている針灸屋さんでした。「しまった。とんだチョンボをしてしまった。叱られるな」と思った瞬間、稲盛さんは「アホかお前は。俺の頭に針を刺すのか」と大笑いをされました。

また、こんなこともありました。確か日曜日だったと思うのですが、稲盛さんの自宅に報告書をファックスしようと思って、私の家から送信しようとするのですが、なかなか送れません。おかしいなと思いながら、何度もやっていると、稲盛さんから電話が架かってきました。「電話を取ったらピーピー言っているが、お前がファックスを電話に送ろうとしているのだろう。こんなミスをするのはお前くらいだ。どうだ」と言われ、ハッとして「すいません。その通りです」と答えると、「やはりな」と笑いながら答えられました。

――大田さんもそんなチョンボをされていたのですか。それでも怒らずに笑って対応されるのは、さすが稲盛さんですね。他にはどうでしょうか。

大田　そうですね。こんなこともありました。稲盛さんは正義感が強く、行革の時には、既得権益にメスを入れるような改革を進めようとしていました。そのため、関係者から脅迫を受けることもあったんですね。私は、稲盛さんの安全が第一だと思い、警備体制を強化すべきだと進言しようとしたのですが、その時、「身辺警護をしてください」というところを間違って「身辺整理をしてください」と言ってしまったのです。すると「なんで俺が身辺整理をしなきゃならんのや」と仰って、二人で涙が出るほど大笑いしたことがありました。

――当社でも、稲盛さんの関連書籍を出版したとき、右翼から電話が何度も架かってきて「稲盛出せ！」って言うので、「うちは出版社だから、稲盛さんがいるわけないでしょ」と言っても聞かない。女性社員が怖がって、電話を取らなくなったことがありました。秘書としては心配ですよね。

大田　そんな緊張の中にあっても、オーライで笑い飛ばしてくださったんです。ありがたかったですね。

――稲盛さんの懐の深さを感じさせるエピソードですね。むしろ息子への愛情にも似たものを感じます。

大田　そうかもしれませんね。そういえば食事について、こんな思い出もあります。稲盛さんはお肉が好きで、私もステーキをごちそうになったことが何回かあります。最初の頃、「お前は何を頼むんだ?」と聞かれ、「ヒレです」と答えたのですが、稲盛さんは、「だから、お前はだめなんだ」と急に言われたのです。キョトンとしていると「栄養は脂にあるんだから、サーロインが良いに決まっているじゃないか」と話され、実際、サーロインをおいしそうに食べていました。稲盛さんのエネルギーの源はその脂にあったのか、と妙に納得したのを覚えています。

またある時は、ホルモンを食べに行こうと誘っていただいたのですが、私は「あまり好きではないので」と返事をしますと、同じように「だからお前はだめなんだ。ライオンは獲物を捕っても内臓しか食わないぞ。栄養は内臓にあるのを知ってるからだ。残った筋肉を食うのはオオカミとかハイエナだ。だからホルモンが一番栄養があっておいしいに決まっている」と教えてもらいました。そう言われるとその通りなので、その後は私もたまにはホルモンを食べるようになったんです。

――まるで、親が子供に「もっと栄養あるものを食べなさい」と諭すような、面白くて、含蓄のあるエピソードですね。稲盛さんも、そんな話ができるのは大田さんぐらいじゃなかったのでしょうか。

2007年、京セラ社員の運動会にて
大田氏（左）と稲盛氏（右）

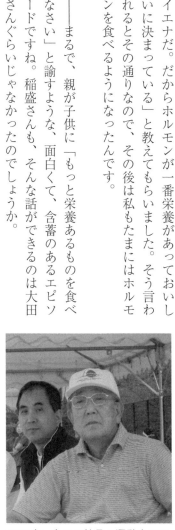

大田　今思えば、確かに親が子供に諭すような内容ですね。稲盛さんも私を親しい人に紹介するときに、「俺の息子みたいなもんだ」と紹介されることがあったのですが、確かに、行儀作法や食べ物の指導を受けるのは、子供みたいですよね。

——これまで、大田さんが秘書になりたての頃に叱られた、ちょっと人間味あるエピソードを紹介いただいたのですが、その後、厳しく叱られたという経験はございましたか。

大田　それは何回もあります。特に、物事の見方、考え方が間違っているときは、本当に厳しい指導を受けました。

——具体的にはどんなことですか。

大田　たくさんあるのですが、たとえば、京セラの創業の頃の話が話題になっていたときに、私が、「名誉会長は天才的な技術者だったから、あれだけの技術開発ができたんですね」と言ったときには、本当に厳しく叱られました。「違う、俺は天才でも何でもない。誰にも負けない努力をしたからこそ、あんな技術開発ができたんだ。だから、誰でも同じような努力をしたらできる。そのことはお前に何回も話をしているじゃないか。まだ分かってなかったのか！」とそれは厳しく叱られましたね。確かに、私は稲盛さんが京セラを創業したとき、大した研究設備もない中で、いつ寝たか分からないくらいに一心不乱に研究に打ち込み、その努力の結果、新しいファインセラミック部品の開発に次々と成功したことはよく聞いていました。また、稲盛さんの「誰にでも無限の可能性がある」というフィロソフィは私の好きなフィロソフィの1つです。それにもかかわらず、「稲盛さんは天才的な技術者だから」とつい口に出たのは、やはり何も分かっていなかったのであり、叱られても当然だと、反省したことをよく覚えています。

——なるほど。そんなこともあったのですね。ところで、日本航空の再建にも一緒に行かれましたね。大田さんは日本航空で会長補佐・専務執行役員をされましたので、実際に経営指導も一緒にしてこられたのでしょうか。

大田　一緒というか、当然指導は稲盛さんがされるのですが、実務的なところはたくさんさせてもらいました。実務を部下に任せるのは、大企業のトップとしては当然のことであり、それを担当するのが会長補佐の役割でしたから。現実問題として、日本航空会長着任時には、信頼できる部下がいるわけはないので、私や一緒に京セラから来た森田さんに任せる以外、方法がなかったんでしょうね。ですから、意識改革とか上場など、大きな方針は稲盛さんが出されるわけですが、「実務はお前の担当だ」と言われ、必死になってどうにかやり遂げていったように思います。

――具体的にはどんなことがありますか。

大田　『ＪＡＬの奇跡』（致知出版社、２０１８年刊行）という本に詳しく書いたのですが、私が担当した意識改革の仕組みなども、当たり前ですが、基本的に私が案を作り、稲盛さんの了解をもらって進めるようにしていました。ただ、「お前が責任を持ってやりなさい」と言われたとき、その言葉の重みに押しつぶされそうになったことを覚えています。京セラの副会長を務め、当時京セラコミュニケーションシステム株式会社の会長をされていた森田直行さんも一緒にＪＡＬに行ったのですが、その森田さんにしても、「稲盛さんと一緒に仕事をするのは初めてだから、めちゃくちゃ緊張した」と仰っていました。

――盛和塾の塾生の中には、稲盛さんを自社の会長に見立てて、「稲盛塾長なら、こういうとき、どんなふうに考えられるのだろうか」と自問自答する人がたくさんいらっしゃるようですが、大田さんもそういうふうに考えられるのですか。

大田　いいえ。特に意識してそうしたことはなかったですね。ただ、結果として、ＪＡＬでも、自分で必死になって考えていろいろな仕組みや制度を作ったつもりですが、振り返ってみると、まるで稲盛さんに指導を受け、作ったようなものになっていました。30年近くご指導を受ける中で、いつの間にかそうなったのだと思います。

――長年、一緒に仕事をされた過程で、ご自身の中に稲盛さんのフィロソフィと一体化したフィロソフィを持たれ、共有されたのでしょうか。

大田　それはよく分かりませんが、たとえば、稲盛さんの口述を文章化して本にすることがありましたが、言われたことをそのまま文書化するというよりは、稲盛さんが何を言わんとしているのかを意識してまとめていました。やや不安を感じてお見せすると「よくまとめてくれた。その通りだ」と評価いただいたことも何度かありました。

『ＪＡＬの奇跡』を書いたときも、稲盛さんのご自宅に原稿をお送りしたのですが、すぐに電話が架かってきて、「ありがとう、この通りだ。素晴らしい」と言われて、とてもうれしかったことを覚えています。

――30年間近くの積み重ねによる信頼ですね。お二人の考え方や、人間性が徐々に近づいていく、ということを感じられたのではないですか。

大田　近付いていくという実感は残念ながら全くありませんでした。逆に、追いかけて行っても、離されるのじゃないかという不安感の方が大きかったように思います。ただ、生まれも育ちも同じ鹿児島なので、ベースとなるものは近かったように感じています。稲盛さんや私が生まれた鹿児島市薬師町に自彊《じきょう》学舎というのがあります。稲盛さんや私が通った西田小学校の裏手にあるのですが、ここは鹿児島の〝郷中《ごじゅう》教育〟が行われていたところで、子供の頃は

「ガクシャ」と呼び、稲盛さんも行っていたようですが、私もたまに行ったことがあります。私が進学した高校は、この西田小からワンブロックほど離れたところにある、稲盛さんも受験された鹿児島県立鶴丸高等学校でした。学校の校訓は「For others」つまり〝利他の心〟で、「世のため、人のために尽くすのが君たちの人生の目的だ」と教えられました。ソニーの吉田社長も鶴丸高校出身で、ご挨拶したときに、「私もこの校訓に影響を受けた」と話されていましたが、多感な高校時代に受けた教えは残るものだと感じています。近くに同郷の英雄・西郷さんの屋敷跡もあるのですが、その西郷さんは「己を愛することは良からぬことの第一なり」と、利己心が一番だめだ、と戒めています。

稲盛さんが若い頃に影響を受けたといわれる『生長の家』の冊子は、私の家にもありましたので、「心の在り方で人生は変わる」とか「現実に現れる事象は心の反映だ」という考え方に も若い時に触れていました。心のあり方とか、人生観や社会観などは、同じ地域で生まれ育ったために近かったと思います。その結果、稲盛さんの哲学は自然と私の中で同化していったんじゃないでしょうか。

●「お前は最後はいつも逃げる」

——確かに、子供の頃に受けた影響は一生残りますよね。それがあったからこそ、信頼を得られていたのでしょう。ところで、そんな大田さんですが、最も厳しいご指導を受けられたのは、どのようなことだったのでしょうか。

大田　私はとても鈍感なので、よく分かっていなかったのですが、稲盛さんが私を紹介するときに「私の副官です」と言われることも増えていました。ＪＡＬ再建が順調に行き始めたころ、私に何か期待するところもあったようです。稲盛さんから、ＪＡＬや京セラでもっと重い責任を持ってほしいと数回言われたことがあります。言われたときは、内容がよく理解できず、何も答えられず、このまま稲盛さんの近くで仕事をしたいという思いもあり、結局、断ったのですが、そのたびに「お前は最後はいつも逃げる」と厳しい顔で言われました。その時、私は、「いつも付いて行っていたはずなのに」という反発や、稲盛さんからの依頼を受けてもかえって迷惑をかけるのではないかという不安もあり、自分なりに正しい判断をしたと思っていました。しかし、「なぜ稲盛さんはそんなことを言ったのだろう」という疑問は心の中にいつまでも残っていたように思います。

――そんなことがあったんですね。稲盛さんは、常々、盛和塾生に「皆さんは私のスケジュールに付いてこられないと思いますよ」と言われていました。塾生の多くもオーナー経営者が多かったので、普段から相当頑張られている方たちですが、そういう塾生達にも言えるほどに、稲盛さんは仕事をしておられた。それに大田さんは長年、付いてこられたのですから、かなり頑張って一緒にやっておられましたね。ですから、稲盛さんが期待されるところがあっても当然だという気がするのですが……。

大田　その辺りは、私は鈍いのですよね。60歳近くになり、学生時代の友人たちが定年後の話をするようになると、私も同じように明るいセカンドライフを夢見るようになりました。やりがいはあるけれど、早朝から深夜まで働き、あまり休みもないサラリーマン人生から卒業できる。会社でどんな肩書があろうと、辞めた後は誰もが平市民になるのであり、そんなことは誰も気にしない。稲盛さんには本当にお世話になったけれど、稲盛さんは当時80歳半ばになっておられ、今後新しいことはしないと言われていたので、「私が役立つことはもうないだろう。稲盛さんの側近と言われ、良くも悪くも目立っていたので、この辺りが潮時だ」、そんなことを思うようになっていました。疲れていたのかもしれませんが、家では、退職後はどこに旅行に行こうか、セカンドハウスを買おうか、遊び用の車も欲しいなど、定年後をどう過ごすかを家内とよく話すようになっていました。

――それはよくある話ですよね。でも大田さんは特別なので稲盛さんから引き止められるとは思わなかったのですか。

大田　その頃、私が特別だという意識はあまりなかったですね。ですから、退職の正式な社内手続きを終えた後、稲盛さんに挨拶に行ったのですが、「何を考えているんだ」と厳しく叱られ、ここでは紹介できないくらいの強い言葉で「どうしても残れ」と強く慰留されたときは、私の方がかえって驚いたほどでした。人事のことですので、詳しいことはお話しできませんが、その時、稲盛さんの思いを聞いて、申し訳ないことをしてしまったと、後悔しました。そんな勝手な理由で京セラを退任したのですが、その後も、折に触れコミュニケーションは取っており、いつも励ましていただいています。

――そうだったのですか。正直に言って、私は稲盛さんの気持ちもよく分かります。それで、大田さんはどうされたのですか。

大田　予定通り退職したのですが、すぐに多くの会社から仕事のオファーをいただくようになりました。これは想定外だったのですが、「大田さんが稲盛さんから学んだことを社会に還元するのが大田さんの役割だ」と言われ、結果として、いくつかお受けするようにしました。

――大田さんにオファーがたくさん来るのは分かるような気がします。それでは、最初描いたようなセカンドライフにはならなかったのですね。

大田　いや、全て受けたわけではないので、京セラ時代より自由時間は増え、それなりのセカンドライフを送ることができるようになってきました。

――それは良かったですね。それでも、稲盛さんから言われた言葉はなかなか忘れられないのでしょうね。

大田　時間が経つほどに、逆に、稲盛さんの言葉の重みが増してきたように思っています。私は、2年ほど前、盛和塾生だったMTG（株式会社MTG）の取締役会長に就任しました。MTGはユニコーン企業（評価額が10億ドル以上のスタートアップ企業）として華々しく上場したのですが、その後、赤字に陥ってしまい、同社の松下社長から助けてほしいと頼まれたからです。週に2日ほどしか勤務できなかったのですが、稲盛さんから学んだ通りのことをし、どうにか再建の目処が立った頃、日本を代表するような企業から、官僚的な風土を変えたいのでサポートしてほしいとのオファーがありました。私は、フルタイムという条件でしたので、とても無理だとすぐに断りました。

――もったいないとは思われなかったのですか。

大田　肩書とか本当に興味もなかったので、そんな思いはありませんでした。しかし、1カ月ほど経った時、自分の判断は「何かおかしかったのじゃないか」と思うようになりました。私が役に立てたかどうか分かりませんが、フルタイムだから、つまり忙しそうだからと断るのは、100%利己であり、世のため人のために役立とうという利他の心は全くないことに気が付いたんですね。自分でもちょっと驚きました。稲盛さんの側近と言われて、きれいごとを言っているけれど、実際は利己の塊じゃないかと、恥ずかしくなりました。そのとき、稲盛さんから「最後はお前はいつも逃げる」と厳しく叱られた理由や、京セラを退職する際の稲盛さんの言葉の意味が、初めて分かったような気がしたのです。

――そんなことがあったのですね。しかし、大田さんはサラリーマンだったので、そこまで考える必要はないように思うのですが……。

大田　そうかもしれませんね。ただ、最近、脳裏に浮かぶのは、自分は稲盛さんから学んだことを、どれほど生かせてきたのか、ということです。稲盛さんは52歳の時、京都賞（科学や技術、思想・芸術の分野に大きく貢献した方々に贈られる日本発の国際賞）を作り、第二電電株式会社を創立され、世のため、人のために、という仕事に邁進してこられました。さらに盛和塾を作って多くの経営者や企業を助けてこられ、78歳にして日本航空の再建を引き受けられました。その根底にあったのは「世のため、人のため」という利他の心でしかありません。さらに、自分の心が間違っていないかと常に「動機善なりや、私心なかりしか」と厳しく自問自答されてこられたわけです。

稲盛さんも人間ですから、ご自身の時間がほしかっただろうと思いますが、それでも、世のため、人のためにとご高齢になるまで必死になって働いてこられました。私は稲盛さんに手塩にかけて育てていただいた恩がある上に、「利他心が大事」だといつも教えられていたにもかかわらず、自分の時間が大事だという利己心を最後まで抑制することができなかった。「動機善なりや、私心なかりしか」という判断基準からすると、私の場合は私心だらけだった、と今頃になって反省しているわけです。稲盛さんが言う利他の心とは、上手にサラリーマン生活を送るための術じゃなくて、素晴らしい人生を送るためのものなのに、私は、自分のサラリーマン生活の終わりが近づいてくると、ドンドン利己的になってきていました。一番身近で薫陶を受けたにもかかわらず、何も分かっていなかった、だから、稲盛さんから最後に一番厳しく叱られたのだとやっと気が付いたのです。

——そのようにご自身を責められるのは、ちょっと厳しすぎるのではと思いますが……。

大田　いや、今日は、「一番厳しく叱られたことは何ですか」という質問でしたので、正直に思ったところをお伝えしただけです。当然ですが、私が今あるのは、全て稲盛さんのおかげです。公私ともに本当に良くしていただきました。また、私自身、稲盛さんを心から尊敬しています。そうであるにもかかわらず、教えてもらったことが全く実行できていなかった。「動機善なりや、私心なかりしか」の言葉の重みを最後の最後に厳しく問われた。そう感じています。

——自分に対して厳しい、というのも稲盛さん譲りのような気がします。

大田　それは全然違います。今こう言っても、稲盛さんのような厳しい生き方ができる自信は全くありません。それでも、近付かなくてはいけないとやっと気が付いた程度なので、本当に悲しいくらい未熟なんです。稲盛さんからいつも大変厳しい指導を受けてきましたが、同時に大きなエネルギーと愛情を注いでもらってきました。それに感謝し、その恩に少しでも報えるように、稲盛さんから学んだことを、これからの人生に生かしていきたいと思っています。

――いろいろと言いにくいお話しを聞かせていただき、ありがとうございました。

●「お前みたいなアホは破門や！」

内川 淳一郎 (㈱レッグス 代表取締役社長)

マーケティングサービス事業を展開し、2001年7月にJASDAQに上場するなど順調に経営を続けていたレッグスだが、上場後、思うように業績が伸びず突破口を模索していた。そんな苦しい状況の時に、社長の内川淳一郎氏は稲盛氏からものすごい剣幕で叱責を受けたという。その叱責の内容や影響、その他に稲盛氏から受けた教えについて話を伺った。

●お前が会社を乱しとるんや

私は1988年に会社を設立していますが、経営に関しては全くの素人でした。そこで、色々な経営者や思想家の本を読んで研究することが日課になり、ある日書店で『稲盛和夫経営講話』と出会い、この人はすごい、本物だと感激し盛和塾に入塾しました。

当時は盛和塾も400名ほどの規模でしたから、地方での例会の参加者は100名以下でした。初めて「追っかけ」を行った時には、東京から駆け付けたこともあり、塾長の隣の席に座らせてもらいました。「こんな近くで塾長と話せるのか！」と、以来塾長例会には可能な限り出席するようにしました。塾長からも「また、お前かー。何や、今日は」と声を掛けてもらうこともあり、随分かわいがっていただきました。

そんな私が、まさか塾長から破門を言い渡される日が来るとは、想像もしていませんでした。忘れもしません、2001年11月の盛和塾盛岡例会での出来事です。14年間、増収増益を続け、その年の7月にJASDAQに上場したのですが、株価は下がる一方で業績も思うように伸びず、挙句の果てに一部の社員からは会社や私への不満も噴出するという非常に苦しい状況でした。何とか突破口はないか、塾長からヒントをもらえないかとの思いから、盛岡例会で体験発表に臨みました。

内川氏（左）と稲盛氏（右）

何とか発表が終わり、懇親会に場を移し、お酒も入って塾長を囲んで20名ほどで車座になって話し始めた時です。この日、私と一緒に参加していた社員が突然、「うちの会社は今、理念が乱れているんです」と塾長に話しかけてしまったのです。見たこともない人間が急に「理念が乱れている」などと語りだしたので、塾長は訝《いぶか》しそうに彼を見ています。私も慌てて、「上場して、本来であれば全社員が一丸となって頑張るべき時なのに、変われる社員と変われない社員がいる。足を引っ張る社員がいる」というような言い訳じみた話をしてしまいました。その間、黙って聞いていた塾長が急に怒り出しました。

「馬鹿か、お前は！　全然分かっていない。そんなことも分からんのか。しかも、そんな大事な話を社員にさせるなんて、お前の理念が乱れとるんや。お前が会社を乱しとるんや。お前みたいなアホは破門や！」

あまりの剣幕に周りの塾生たちが少しでも座を和まそうと、「アホか」と私の頭をポコポコと叩いたりするのですが、もう私は恐ろしさと緊張で全身から冷や汗が噴き出し、足元まで滴るほどでした。あの日の塾長の様子は、塾生の皆さんも見たこともない激高だったと言います。

「破門や！」と言われた私は、どうしていいのか分からない状態でした。それでも2、3カ月後に開催される次の例会には出席しようと考えていました。例会の当日、東京駅へ向かうと、なんと塾長と鉢合わせしてしまいました。まずいなと思ったのですが、塾長が私を見つけ、グリーン車の座席から手招きするわけです。また怒鳴られるのではないかと恐る恐る座席に向かうと、塾長がネクタイを緩めている私のワイシャツに手を伸ばし、

「お前、上場したんやから、一番上のボタンも留めんかー」

と、優しく言いながらワイシャツの一番上のボタンを留めてくれたのです。もちろん、「破門」の話には一切触れずにです。ああ、この人は、本当に鬼であり、仏でもあるんだと思いました。塾長に「破門や！」と活を入れてもらったおかげで、私も覚悟が決まったように思います。

実は業績が悪化するのには、訳がありました。上場を機に、それまで広告代理店経由の仕事が8割だったのを見直し、将来を見越してメーカーとの直接取引にシフトし、顧客を一から開拓していたのです。しかし、見通しが立たない現状に、信じて株を買ってくださった株主の皆さまにも申し訳なく、焦ってしまっていたのでしょう。

その後、社員とも正面から向き合い、正直「ここまで言われるのか」と腹が立つくらい辛辣《しんらつ》なことも言われました。でも、社員の話を聞くうちに負けてたまるか、絶対会社を良くしてやるという思いが膨らんできました。おかげで、上場後2年間は株価を下方修正するほど厳しかったのですが、その後はV字回復ができました。塾長が常日頃から言われている「ピンチはチャンス」「逃げるな、正面からぶつかれ」という言葉が支えになりました。

「破門や！」と一喝されてから3年ほど経った東北例会の席で、塾長に業績がV字回復したことを報告すると、「そうか、そうか、それは良かったな」と目を細め、自分のことのように喜んでくださいました。その様子を見ながら、改めて経営者は厳しさと優しさの両方を併せ持つことが必要なのだと実

企業データ

企業名●㈱レッグス
設立●1988年3月
所在地●東京都港区南青山2丁目26番1号 D-LIFEPLACE南青山11・12階
従業員●359名（役員含む）
事業内容●販促受託事業、エンターテインメント事業

感しました。経営のイロハも知らない私に、塾長はある時は優しく、またある時は厳しく経営人生とは何かを叩き込んでくださいました。会社を経営していれば、当然業績が良い時もあれば、悪い時もあります。その悪くなったタイミングで塾長に叱ってもらえて、本当に良かったです。おかげで業績悪化をジャンプ台にして、会社をさらに成長させることができました。

そうは言っても、塾長には破門を言い渡されたうえに、上場していきなり株価2年連続下方修正なんてあり得ませんけれどね。今でも当時を知る仲間と会うと、必ずこの話になるほど強烈な思い出です。

内川氏（右）と稲盛氏（左）

●会社は価値観を同じくする社員と作るべき

「破門」まで言い渡されたのは1回だけですが、それ以外にも叱られたと言いますか、大切なことを直接教えていただいた経験はたくさんあります。それは今も私の宝です。

創業当時は4名でスタートし、お互いの給料もオープンにし、「仲間」としてやってきました。しかし、会社が成長し、社員が増えてくると色々な人が集まってきます。ある時、塾長に社員の中に会社の哲学、理念を理解してくれない人がおり、どうしたらいいかと尋ねたことがあります。それに対し塾長は

「お前、そいつとじっくり話したんか？」

と尋ねられました。「もちろん、話しましたよ」と答えました。私の話を聞き、えこひいきとか、単に好き嫌いではなく、もちろん私自身に原因があるわけではないと分かると塾長は一言、「だったら、その人は辞めさせなあかん。その人はお前と合っていないのだから、辞めてもらったほうがええわ。そこにエネルギーを使うのはもったいない」

と仰いました。塾長のアドバイスに従い、その社員には6カ月分の給料を渡して退社してもらいました。

つまり、人の価値観というものは、そう簡単には変わらない。変えようと思ったら5年も10年もかかる。一方で、価値観の合っている人たちなら、すぐに仲間になれるわけです。以来、採用に当たっては、自分たちの会社のことを100％正直に、包み隠さず話すことにしています。こんなに大変だ、こんなに忙しい、こんなに給料は安い、それでも一緒に頑張ってくれるか？　と尋ねます。まぁ、大概、「嫌だ」と言いますよね。それでも、5人に1人、10人に1人くらいは「やりましょう！」と答えてくれる人が出てきます。4人の価値観の違う人を無理やり合わせていくより、採用時には手間暇がかかっても価値観の合う人たちを集めたほうが、

組織としては絶対に強くなります。まあ、欲を言えば、そこに能力も加わっていたら最強なんですけどね。

●神様が味方した経営者、稲盛和夫の回路を持つ

30代の頃、塾長に「塾長や松下幸之助さん、本田宗一郎さん、井深大さんなどの経営を勉強すればするほど、それぞれ考え方や方法論が異なることが多く、悩んでしまう。塾長も若い頃、悩まれたことありますか？」と尋ねたことがあります。すると塾長は私の顔をにらみながら天をふと仰いで、

「俺はそんなこと、一度も思ったことないなあ。お前、もっともっと素直にならなあかんぞ」と仰って私の肩をポンと叩かれました。

今考えると、よくもそんな質問をしたと思います。考えてみると、松下さんには高橋荒太郎さん、本田さんには藤沢武夫さん、井深さんには盛田昭夫さんと、二番手、番頭的なパートナーがいて、皆さんペアなんです。一方で塾長はそういうペアではない。天才肌というか、自分独自で進めていくんですよね。

先ほど、鬼と仏の両面を持ち合わせていると話しましたが、相手に合った説法を説いてくれます。同じ話をしていても、ある人には「慎重に」と諭し、別の人には「積極的に」と背中を

押す。それが傍《はた》から見ていると矛盾しているように思われることがあるかもしれませんが、塾長の中では一致している。塾長はご自身の中に何人も「稲盛和夫」の分身を持っていたのでしょう。京セラ、ＫＤＤＩ、ＪＡＬ、盛和塾、京都賞など５人分の仕事を一人でやってのけるなんて、神様に味方された人でないとできないですよ。

塾長はよく私たちに、「俺がいなくなったときに、稲盛和夫だったらどういう判断をするのかという指針を、回路の一つに入れておいてほしい」と言われていました。

塾長に相談できなくなった時、我々はどう行動するのか、今はまさに自分との戦いのときです。

期待したお褒めの言葉は「ああ、これでは全く逆やないか」

濵田 雄一郎（濵田酒造㈱ 代表取締役社長）

創業から150年を超える歴史を持つ本格焼酎の製造・販売を行う濵田酒造。その社長である濵田雄一郎氏は、厳しい経営を続けていた頃に稲盛氏の経営哲学に興味を持ち、教えを請うた。弟の総一郎氏（株式会社良知経営代表取締役社長）から、稲盛氏との出会いにより「人が変わった」と言われている雄一郎氏は、同郷の稲盛氏にどのような叱咤激励を受け、学んできたのだろうか。

西郷さんを愚弄されたと反論し「バカ！」と拳固

鹿児島県人である私にとって、同じく鹿児島県人である塾長は、一言で言って「西郷さん」、西郷隆盛を彷彿《ほうふつ》とさせる人物です。西郷さんがやって見せたこと、49歳で亡くなった西郷さんが志半ばで成し得なかったことを、80代後半まで第一線で活躍された塾長が成し遂げ、私たちに見せていると思えて仕方ありません。

私たち鹿児島県人にとって、西郷さんは特別な存在です。自分たちの生活の中に西郷さんの気風を感じる風土が当たり前にあります。私たち兄弟の場合、父が財団法人西郷南洲顕彰館の関係者でもありましたし、愛読書の中に西郷さんに関する本があり、父が誰を最も尊敬し、師と仰いでいるのかを身近で見てきました。一方で、同じ維新の立役者である大久保利通に対しては全く異なる印象を持っている人が多いと感じています。実際、２０２０年11月に大久保公の生誕１９０年祭が行われているのですが、これが地元、鹿児島で行われた初めての大規模な生誕祭でした。この独特な県民性をご理解いただいた上で、私が塾長に叱られた思い出をお読みください。

クロス乾杯
濱田氏（右）と稲盛氏（左）

　１９９１年、盛和塾に入塾して間もない時期のことです。塾長例会後のコンパの席で、塾長が、

「いつまでも西郷、西郷ではなく、もう一人の立役者である大久保のことももう少し見習ってはどうか」

と仰いました。酒宴での発言とはいえ、西郷さんに傾倒している身としては聞き捨てなりません。思わず私は、「塾長、大久保を見習えとはどういうことですか？　あんなに純粋に人々のために生きた西郷さんを死にまで追いやった男を見習えとは、私は承服できません。確かに明治政府の行政機構は大久保が作ったかもしれません。しかし、事を成すためには、西郷さんをあそこまで追い詰めた非情な大久保さんは受け入れかねます」と反論しました。今考えると若気の至り、無知に任せた発言なのですが、当時の私は真剣そのものでした。ところが、私の発言を聞いた塾長は顔を真っ赤にされ、私のところまでやってきて、ご自身の発言の真意を説明してくださいました。ところが酒の力もあって私が一向に受け入れず、頑なな態度にしびれを切らしたのでしょう、最後には

「バカ！　まだ、分からんのか！　お前みたいな者たちが、西郷さんを破滅に引き込んだのだ。お前は桐野（利秋）、いや人斬り時代の中村半次郎と一緒だ。いや、それにも及ばん」

と言いながら、ポカリと大きな拳固を私の頭に食らわせました。

叱られて我に返り、小さなことに固執していた恥ずかしさで、冷汗三斗《れいかんさんと》、顔を上げることができませんでした。そんな私に聞こえるようにか、塾長は塾生たちに向かって、

「腹が減ったたな。よし、飯食いに行くぞ」

と声を掛け、私も一緒に食事の席へ連れて行かれました。食事も終わりに近づいた頃、全く箸を付けていない膳を前に塾長がおもむろに

「おい、誰か俺の分も食ってくれ。そうだ、元気のある濵田、お前が食え」

と笑いながら私の前に膳を回してこられました。本当は腹など減っておらず、食事制限もなさっているお身体なのに、わざわざ私のために時間を作り、食事に誘ってくださった塾長のお気持ちに触れ、私は食事が全く喉を通らず、涙が止まりませんでした。

鹿児島で暮らす人間は人間愛に溢れた「西郷、西郷」となりがちだが、鹿児島を離れ大組織で活動する鹿児島出身の方々は、どちらかというと理知的な大久保さんの評価が高くなっていくのです。でも、西郷、西郷と念仏のように唱えてもダメ、情緒の部分だけで大久保を否定するようでは、事業はできない。事業は実践行為なのだから大久保的な考え方も必要で、それを否定することの危険性にお前達は気付いているのかと、塾長は私たちに伝えたかったわけです。一方に傾倒し、他方を否定しているような狭い了見ではあかんぞと、あの拳固は私に教えてくれました。

●塾長の言葉の真意を理解できず暴走寸前

盛和塾で学ぶ中で、塾長は常々、「見えてくるまで考え抜け、カラーで見えてこないといかん」と仰ってきました。さすがにカラーとはいきませんでしたが、白黒で会社の方向性が見えてきました。その結果として、伝兵衛

企業データ

企業名●濵田酒造㈱
創業●1868年
法人改組●1951年
所在地●鹿児島県いちき串木野市湊町4丁目1番地
従業員●316名
事業内容●本格焼酎製造販売

蔵・傳藏院蔵《でんぞういんぐら》・金山蔵という三つの蔵を持ち、各々の蔵が「伝統」「革新」「継承」という弊社の核となる焼酎作りの理念を体現していくことになりました。蔵が完成し、塾長にも視察に来ていただいた時のことです。

「おう、大したもんじゃないか」と褒めていただくと同時に、

「借金が多過ぎるから気を付けろよ。よく見えているな。必要な赤字もあるが、戦略的に事業拠点は傳藏院蔵だ。もちろん、金山蔵も伝兵衛蔵も大事。その位置付けを間違えるな」

とアドバイスを頂きました。

ところが、２００6年1月、蔵の一つ、伝兵衛蔵の一部が焼けてしまったのです。夜中にやっと火が消え、呆然とする一方で、これからどうするか考えなくてはと思っていた時、携帯電話が鳴りました。なんと塾長からでした。

「濵田、大丈夫か？　しっかりせえよ。これは天の啓示だからな」

天の啓示だ、前向きに捉えろ、塾長からの1本の電話で、私は勇気百倍、元気百倍で、蔵の再建に乗り出しました。それから社員と共に蔵の再建策を練りました。それから10日か2週間ほど経って、心配した塾長が鹿児島の弊社までわざわざ足を運んでくださいました。私はスピーディーに、しかも練りに練ったさらに立派な蔵の再建策を自信満々で塾長に説明しました。きっとお褒めの言葉を頂けると確信していました。

ところが、再建案を聞いた塾長の第一声は、

「ああ、これでは全く逆やないか」でした。

「なんでそんなことになるんだ。視察した時にも、全国大会で発表した時にも、慎重になれ、借金を減らせと言っただろ。なのに、これはどういうことだ？」

社員や家族の目の前で、コテンパンに怒られてしまったわけです。

金山蔵への塾長訪問にて
濱田氏（左）と稲盛氏（右）

塾長が仰った私の経営発表というのは第13回全国大会のことで、この時塾長はまさに西郷南洲が教える経営者の在り方についてお話しくださったのです。その紐解きの中にあったのが「西郷南洲遺訓」第38条でした。

「世人の唱うる機会とは、多くは僥倖《ぎょうこう》の仕当てたるを言う。真の機会は、理を尽して行い、勢を審《つまび》らかにして動く、と云うに在り。平日、国、天下を憂うる誠心厚からずして、ただ時のはずみに乗じて成し得たる事業は、決して永続せぬものぞ」

塾長がこの一文のことを仰っていることは、すぐに理解できました。塾長が仰った「天の啓示」とは、理を尽くして行い、勢を審らかにして動くことでした。戦略的におかしな部分には、何かしらの歪みが出るものなんです。伝兵衛蔵が焼けてしまった、しかし4棟全部ではなく1棟だった。それこそが天の啓示で、事業戦略に生かせる、今こそがチャンスだと塾長は教えてくださった。なのに私は、天の啓示を、伝兵衛蔵をもっと立派に再建することだと読み違えていた。どうにも不安で、わざわざ鹿児島までやって来てみたら、案の定、濵田は全く見当違いのことをしようとしていた。塾長は嘆いていました。自分が教えてきたことを全く理解していない塾生を見て、さぞや情けなかったのでしょう。そして、塾長の一言、「お前、間違ってるやないか」は、本当にこたえました。

しかし、この教えのおかげで、私たちは考え方を修正し、間違った、甘い意思決定をせず、結果として焼酎ブームが終わり、同業他社が苦戦する中で、その後10年ほど経常利益率10％を超えて、業績を伸ばし続けることができました。

西郷公は自分が作った私学校の生徒たちが、政府所有の弾丸を奪い取ったと知った時、

「ちょっしもた」

とつぶやいたと言われています。彼は決して政府に反旗を翻すために私学校を設立したわけではないのに、生徒たちが間違った方向へ進んでしまったわけです。火種があることは分かっていましたから、暴発しないように「じっとしておくように」と言い聞かせて旅に出るのですが、その間に生徒たちは暴発してしまい、西南の役（西南戦争）へと向かうことになってしまいました。

同じように「これは天の啓示だぞ。分かっているな」と塾長から言われていたのに、私は暴発してしまった。ただ、塾長はすぐに鹿児島へ飛び、濵田塾生の暴発を阻止して下さいました。

やはり、私にとって西郷公と塾長は、重なる部分が多いのです。

●塾長は現代に生まれ変わった西郷さん

西南の役で中津隊を率いた増田宋太郎が

「一日先生に接すれば、一日の愛生ず。三日先生に接すれば、三日の愛生ず。親愛日に加わり、去るべくもあらず。今は善も悪も死生を共にせんのみ」

と話して、だから自分は西郷公の元を離れることはできないと語っています。塾長の周りにいる人間、私たち盛和塾の塾生しかり、京セラやＫＤＤＩ、ＪＡＬなどで一緒に働いた方々も、きっと同じ気持ちだと思います。だからこそ、塾長の哲学、フィロソフィを真剣に血肉化しよう、学んでいこうという人がたくさん生まれたのです。西郷さんと接した人たちが西郷さんに惹《ひ》かれていったように、私たちは塾長と接することでどんどん塾長に惹かれていきました。

塾長は「南洲思想の真似事もできない自分だが、何とか南洲思想を身に付け、実践したいと願い、頑張ってきた」と仰っています。

西郷公は49歳でこの世を去っていますが、もし生きていたら何を成し遂げたのかを、私たちは塾長の足跡に見ることができます。だから私は、稲盛和夫とは現代に生まれ変わった西郷隆盛だと表現するのです。

●「悪魔のささやきと思って本業に徹せよ」

濵田 総一郎（㈱良知経営 代表取締役社長）

盛和塾横浜で代表世話人を務めた濵田氏は、稲盛塾長と同郷の鹿児島で老舗酒造会社の次男として生まれた。独立して酒のディスカウント店を開き、早々に売上100億円を達成するも、規制緩和による他業種からの参入により、大きく経営数字を落とすことになった。入塾10年、会社存続の大きな危機に直面したことで、稲盛経営哲学を一から学び直し、業績を立て直した。稲盛塾長の教えをベースに経営理念を「良知経営の実現」と定め、経営者として、鹿児島県人として、稲盛和夫その人の背中を追い続けている。

●塾長と濵田兄弟

盛和塾が京都、大阪と立ち上がって間もなく塾長のお膝元である鹿児島にもできました。そこで私の兄が塾長と強烈な出会いをしたのです。兄は、西郷隆盛さんを尊敬する薩摩男児であり、薩摩隼人の典型です。早くから濵田酒造の後継者として育てられました。一家言を持つ自信家でしたので、自説を曲げることはほとんど無かったのです。

その兄が稲盛塾長との出会いでがらりと変わりました。「男子、３日会わざれば刮目《かつもく》して見よ」という言葉がありますが、私が会うたびに目に見えるように変わっていきました。兄は私に「現代の西郷隆盛がいる。稲盛和夫さんだ。盛和塾が横浜にできたから入会するがいい」と言いました。

濵田氏（左）と稲盛氏（右）

それ以来、１９９４年に本社を置いた神奈川で盛和塾の例会に参加するようになり、塾長のド迫力とド真剣な生き方に心を打たれました。言霊と言いますが、言葉を超えたエネルギーの波動がビンビンに伝わってくる。魂が震える経験でした。そんな人に初めて出会いました。その後、塾長が出席される例会にはほぼ全て参加するようになりました。

●規制緩和で危機、赤字に転落

私は家業の焼酎の経営が軌道に乗ったことで91年に独立し、海外ブランド品を販売するディスカウント店を開きました。93年に現在の良知経営（旧パスポート）を立ち上げ、酒の大型専門店の多店舗展開を始めました。ただ、入塾した94年の頃は、正直言って、経営はしっちゃかめっちゃかでした。

売上100億円にまで到達しましたが、酒類販売が免許制に守られており、経営ノウハウがなくても安売りすれば誰でも繁盛できる仕組みだったからです。それが少しずつ緩和されてスーパー、ドラッグストア、コンビニが酒類販売に進出してきました。粗利が一挙に落ちるとともに売上も落ち出しました。しかし、どう立て直していいかが分からない。我が世の春を謳歌していたのが一挙に奈落の底に落ちたのです。

酒類販売自由化までに対応する時間はありましたが、十分ではありませんでした。海外にも自分で買い付けに行ったり、差別化商品になるワインやビールでプライベートブランド（PB）商品を作ったりとオリジナル商品で活路が見出せるのではないかと思っていたのです。しかし、売上も粗利も落ちて経営が行き詰まりました。同業他社が倒産する事例もたくさんありました。友人の会社も民事再生の申請をしたり、自己破産するところが出てきました。

04年3月期にはピーク時の4割減の60億円の売上まで落ち込み、連結ベースでは赤字になりました。入塾して10年経っていましたが、そんな危機に直面してようやく稲盛経営哲学を真剣に学ぶようになりました。

対応として、元々業務用を扱う顧客が多かったことから、業務用スーパーに活路を見出しました。神戸物産が展開する「業務スーパー」のフランチャイジーとして業態転換していきました。その中で倒産した会社や厳しい同業の経営も引き受けました。それが2004年のことです。ここから稲盛経営哲学をベースとした新しい経営理念を掲げ、新生良知経営がスタートしました。

●パブリックカンパニーを掲げ、再建を図る

引き受けた会社の社員と一緒に事業をしていくために、企業を私物化するのではなく天下の公器、つまり「パブリックカンパニー」にしながら大義を掲げて一緒に成長発展していこうと決めました。すると皆が納得する価値観が必要になります。そこで稲盛哲学をベースとした経営理念やフィロソフィを作り皆で共有しました。

「フィロソフィ教育はあらゆる業務に優先する」と位置付け、勉強会を始めました。毎月の1泊2日の合同研修、週に一度の早朝勉強会などです。その

企業データ

企業名●㈱良知経営
所在地●神奈川県川崎市宮前区犬蔵1－23－13
創　業●1991年
従業員●3000名
事業内容●「食とエネルギーの課題解決事業」
具体的には生鮮&酒&業務スーパーを中心とした生活防衛の最強応援団を形成する食の製販一体事業、環境維新を掲げて脱炭素社会を実現する再生可能エネルギーなどの環境エネルギー事業

学びを継続するうちに皆の心のベクトルが次第にそろってきました。店長会議をアメーバ会議に発展させて、予定と実績の進捗管理を週単位で追求し、アメーバ経営によって部門ごとに採算の数値責任を持つようにしました。

すると業績も上向いてきました。4年後の08年3月期には売上206億円まで伸ばすことができました。稲盛哲学には普遍性がありました。実績がしっかり出ると自分達の進んでいる道が間違いないという自信に変わっていきます。すると皆も稲盛哲学は本物だと感じ始め、稲盛哲学に照らして何が正しいかを考えるようになる。塾長が言われる「人として何が正しいのか」をベースに議論する機会が増え、信頼関係がますます強くなりました。

しかし急成長の最中、07、08年の中国製肉まん事件、中国製餃子事件、そしてリーマンショックと大きな災難に襲われました。我々は中国産商品に依存していました。安全基準を満たさないものは輸入していませんでしたが客離れが顕著になり、売上は既存店ベースで二桁減へと落ち込みました。さらにリーマンショックで、金融機関からの新規融資や折り返し資金の実行ができないと言われるなど、八方塞がりになりました。

●稲盛哲学の学びに帰る

ただ、こういう時こそ稲盛哲学の学びに帰ろうと、社内で「ど真剣」の会議を重ねました。

金融機関から新規融資などを巡って意見が合わなかったこともあり、融資に頼らず全て自己資金でやろうと背水の陣を敷きました。当然のことながら、自力で売上を上げなければキャッシュが回らなくなって倒産します。現金を持って直接市場で仕入れてくるようにと指示し、掘り出し商品をかき集めました。

特に商材として扱いの得意だったワインは、前年比で150％の売上にしようと目標を立てました。最重要の指標として、客数は前年比115％を目指しました。リピーターが増えれば売上や利益も伸びるはずと思ったからです。一番の危機はお客さんが離れてしまうこと。本当に何でもやる意識でした。赤字店舗の閉鎖、出店凍結、役員報酬の大幅減、賞与カットなど、財務面にもメスを入れました。

当時の専務が言った言葉に「予算は神聖」があります。絶対に予算を割ってはならないという意思表示でしたが、全社員にその言葉が浸透しました。毎日毎日数字との格闘です。結果、年度末に締めてみますと、客数もワイン販売も目標が達成でき、全体の売上も利益もクリアできました。全ての予算を達成することができたのです。

この体験から稲盛経営哲学のダム式経営をより良く理解できました。資金のダムを作ることと同時に、人のダム、つまりフィロソフィのダムを作ることです。これが経営の最も根幹だと分かりました。

●「お前の任ではない」

これまで数多くの企業の再建を引き受けたことで、金融機関からも再生案件が持ち込まれました。私も情にほだされて引き受けてしまい、ある時、年度末までに弊社が引き受けないのならばその会社は潰されざるを得ない、という案件が持ち込まれました。

そこで稲盛塾長に相談いたしました。鹿児島塾の中心メンバーの塾生らと塾長を囲んで感謝の会を開いた翌日、皆で釣りにいくことになりました。その移動の車中でのことです。稲盛経営哲学に照らして、その案件を受けるべきかどうかを伺いました。塾長から返ってきた言葉は、「分と任やな」です。まず分際があるかどうか。銀行がお前に頼るのだからその力はあるのだろう。だが、その任にあるかどうかは別物、お前の他に適任の人がいるはずだとの示唆です。続けて以下のようなことを申されました。

「本業と違う会社を引き受けたことで、社員が苦労する。全体の業績の足を引っ張ってしまう。本業に徹していたら飛躍発展するのに、そのブレーキになる会社について、お前には任はない」

私は「その会社には文化的歴史的な価値がある」と言いましたが、「それが何や。それはお前が引き受ける理由にはならん」と仰います。「俺のところにもたくさんそんな打診が来たが、『悪魔のささやき』と思って全て断った。力を付けたことでいろんなところから声がかかる。

濵田家メンバーと稲盛氏
次男総一郎氏(前列左)、稲盛氏(前列右)、
長男雄一郎氏(後列右から3人目)、三男龍彦氏(後列右から1人目)

それは心地の良い甘美な声だと耳を貸してしまう。でも悪魔のささやきだと思って本業に徹せよ」と。

その塾長のアドバイスがなかったら、低収益のまま、ただ人の良い経営者として終わっていたでしょう。「史記」の中に「千人の諾諾《だくだく》は一士の諤諤《がくがく》に如かず」という言葉がありますが、塾長のお言葉はまさに千人の言葉より重いものでした。

弊社の事業の一つ、環境エネルギー事業につきましても、多くの教えを頂きました。京セラも随分苦労されましたが、直接のご指導で言われましたのは「金もうけでやるのならやめろ。地球を守る、その信念が本物だったらやれ」です。

●事業への思いは本物か自問自答

塾長は、石油ショックのとき日本のエネルギー自給率の低さに危機感を感じて、太陽光発電事業き受けて最後までやり続けて成功された。塾長が言われたことを私なりにまとめますと「事業は理念を信念化させたとき初めて成功する。イノベーションは皆が思うような技術や科学から生まれるものでない。理念がイノベーションを生むのだ。何としても、人類のために必要だと信じ、人生をかけて挑戦する。そのように理念が信念に昇華された時に初めてイノベーションが生まれ、思いが現象化する」ということです。

その塾長の言葉を聞いて、私はこの事業に対する思いが本物かどうかを自問自答しました。社内の役員にも皆反対されました。それでも塾長の教えをもとに口説きました。お互いの信念を高め合いながらやろうと進めました。

弊社は社是に「敬天愛人」、経営理念に「良知経営」を掲げています。良知に従って物事を判断する、塾長は、これは絶対的なものであり、その境地に至って実行してきたことが、自分の今日の成功につながっていると仰いました。そのお言葉は、自分の「良知経営」の確信を得るものでした。今度、子会社27社を束ねる持ち株会社制に移行します。それを機会に社名も「良知経営」に変えます。「敬天愛人の心を持って、誰にも負けない努力をすれば、人生、仕事は必ず報われる」という思想を良知経営の実現によって人生を懸けて証明したいのです。

塾長と同じ鹿児島県人として申し上げるのならば、塾長のお人柄は、鹿児島のあの風土や歴史から生まれたところが大きいと思います。稲盛哲学、京セラフィロソフィは、薩摩藩伝統の郷中教育そのものです。塾長は西郷隆盛と大久保利通の両方に学べと言われます。あるとき、「中小企業の経営者は西郷さんの大徳、無私の愛、絶大な人望を持つ一方で、大久保さんの明治維新を成し遂げた構想力、実現力、鋼鉄の意志、それら対極のものを併せ持つんや。それで初めて中小企業経営者として全うできるのだ」と言われました。

塾長は、仏様の大慈悲の顔もあれば阿修羅の鬼のごとき顔もあるという、両極端のものを同時に持っておられます。また千手観音のように万能の実務能力もある。そのような多面性を持ちながら、その全てが矛盾なく塾長の魅力として伝わってくる。そこに経営者として無類の器の大きさを感じて魅了されるのです。

●「誰が栃谷商店のために犠牲を払うのか！」

栃谷　義隆　㈱ヤングドライ　代表取締役

「お前はアホか！」

ヤングドライの栃谷義隆社長は、塾長経営問答という晴れの舞台で、稲盛和夫塾長から社員を前にして叱られた。社員に経営者マインドを持ってほしいと、会社へのより多くの献身を求めたが、社員とのフィロソフィの共有もないままに進めようとした驕《おご》りをはっきりといさめられた。

同社が営むクリーニング業は薄利多売、必然的に多店舗展開で規模を大きくすることが事業拡大には欠かせない。その成長の過程で、稲盛経営哲学のアメーバ経営とフィロソフィ（経営理念）をいかに定着させたのかを伺った。

●「お前はアホか！」

私は稲盛塾長からそのような言葉で叱られました。しかも1日に2回も、です。最初は、北陸で行われた塾長例会で経営問答をさせていただいたときのことです。2回目は、その後の懇親会の席上でした。

当時、私は社員にどうしたら経営者マインドを持ってもらえるかを考えていました。企業を大きくするために、社員の生活を豊かにするために、経営幹部には自分の生活を犠牲にしてでも、例えば「日曜日に半日くらいは会社に来てほしい」と思っていました。そこで、経営問答の場で、会社の未来を思う社員の経営マインドを高めるために、そんな社員を養成したいと言いました。

盛和塾石川の市民フォーラムにて
栃谷氏（右）と稲盛氏（左）

すると塾長から、「お前は、経営者としてアホか！　誰が『栃谷商店』のために犠牲を払うのか。そんなことも分からないで今まで経営してきたのか。自分の会社の意義や目的を皆に伝えもせずに、自分だけの要求をするのはまかりならん！」と叱り付けられました。

さらに、その後の懇親会で隣のテーブルに座らせていただいたときに、もう一度「お前はアホか？」と言われました。実は、経営問答のときに、私の会社の社員が30人ほど来ていました。その前で叱責したことについて、「社員が来ていることを前もって言ってくれたら、もう少し言い方を変えたのに」というお心遣いからの言葉でした。

そこで「いいえ、はっきり言っていただいたので、自分の中でしっかり腑に落ちました。あれで良かったのです」とお答えしました。すると塾長は、「お前がそういうのならええけども、皆の気持ちを分かってあげることができたら、今日来た社員たちも『うちの親分も変わった』と思ってくれるだろう」と続けて言われました。この時から、会社経営のステージを変えることができたと感じています。

当時は、盛和塾に入塾して数年で、アメーバ経営を導入して間もない頃でした。社長が目の前で叱られる姿を見たからでしょうか。その後、盛和塾で経営を勉強しにいく私を、社員たちは快く送り出してくれるようになりました。

クリーニング業を営む弊社は、祖父が「旭屋クリーニング」の屋号で創業し、父が引き継ぎ、私で3代目となります。親から継いでほしいとお願いされたことはありませんが、私自身、小さい頃から「洗濯屋のよっちゃん」と呼ばれ、何の違和感もなくいつかは自分が家業として継ぐものだと思っていました。

大学を卒業して3年ほど同業他社で修業し、その後、自社で働くことになりました。私は、当然のように本社のある富山で働くものと思っていました。しかし父からは、当時一番遠い商圏にある金沢の支店に荷物を送れ、と指示がありました。後になって父から、「お前の能力はたかが知れている。いっぺんにたくさんの部下を持てるわけがないから、まずは一番小さな所でやらせよう」との意向だったと聞きました。

その工場の4階に住み込みで働き始めました。周りはみんな年上で、兄貴分や親ぐらいの世代の人たちばかりでした。職場では、会社としての職位はありませんでしたが、それでも「店長」と呼ばれていました。上下関係はなく、あくまで会社の一員として働きました。

私が社会に出たのはバブル真っ只中の時代で、日本経済が右肩上がりの時でした。まずは石川県で店舗を増やして成長させることが使命でした。主な仕事は店舗の開発営業で、工場のシフトが手不足になると手伝っていました。

当時は、会社を成長させることが私にとって大きな喜びでしたし、親も喜んでくれますから、ますます家業に没頭しました。親も私のやりやすいような環境を作ってくれました。それから20年もの間、クリーニング業や経営について、親からケーススタディを通じて教えられ、学びながら、その積み重ねで事業承継をしていきました。

企業データ

企業名●㈱ヤングドライ
創業●1929年4月
設立●1976年9月
所在地●富山県富山市野々上15
従業員●1500名（グループ全体）
事業内容●クリーニングに関する一切の業務

●自社の「恥部」を経営発表で明らかにする

私は盛和塾石川の開塾とともに入塾しました。開塾の時に稲盛塾長の講話を初めて聞きました。それまで京セラさんについては、成長率、利益率、自己資本比率の高い会社である、という程度しか知りませんでした。塾長は、「まず善きことを思うだけでよい。悪しきことを思うことは悪しきことをやったことと変わらない」と言われました。その言葉が印象的でした。

盛和塾に入塾してからは、聞くこと見ること全てが初めてで、こんなに勉強している人がいるのかと、一つ一つ、目から鱗が落ちるような思いで学びました。そこで発表する機会があると聞いて、ぜひ発表をしたいと申し出まして、入塾1年後の第2回全国大会に出席しました。そこで、10年間自らの「恥部」として封印していたことを発表しました。

当時10人程度の工場を監督していましたが、12月20日の賞与日の翌日から、工場長、女性リーダー、集配担当、パートリーダーの4名が会社に来なくなりました。最初はどうしたのだろうと気遣いをし、心配していました。すると心配している私に他のパート社員から「彼らは示し合わせて辞めました」と聞かされ、初めてその実態を知りました。彼らが辞めたことで、現場の仕事がいっぺんに回らなくなりました。春先には衣替えで最も忙しくなる時期を迎えますし、困ったと思いました。事実、その後遺症は半年以上もの間続きました。

私はその4名に思い直してほしいと一生懸命にお願いしました。ところがそのうちの一名から返ってきたのは「これからなお、大変になりますね」という言葉でした。足元を見られていると感じました。それで踏ん切りが付いて、執着しても良いことはないと思い、説得をあきらめました。

栃谷夫妻（左・中央）と稲盛氏（右）

自分では調子に乗っていた、というようなことはなかったと思っています。ただ、父の会社に入り、決断をしなければいけない事項があっても判断する基準が無く、即断しかねる場面が多くありました。それが足元を見られることにつながったのかもしれません。例えば、給料についても、社員から「少し上げてくれるのならば残って働く」と言われれば、その基準もないままに上げたこともありました。

その反省の中には、事業を父から引き継ぎ、売上や仕事の内容、そして自分がどうしたいかを社員に伝えようとしても、実際にどのように伝えてよいのか分かっていなかったということもありました。

この発表を聞いた塾長は、社員との関係について、「自分は優しいつもりかもしれないが、それはなれ合いや。優しく褒めることもできないし、厳しく叱ることもできないリーダーの特徴。矛盾する両方の考え方を同じ人が持ち、それを正常に機能させることができるのが最高の知性。優しいばかりでも、厳しいばかりでも経営はできない。両方を併せ持ち、必要なときに必要な側面を出すことが肝心。それは『大胆にして細心』と同じ。あなたがやってきたのは『小善は大悪に似たり』や」と言われました。まさにその通りで、塾長は寸分違わず私のリーダーとしての間違いを指摘されました。

初めての全国大会でのこのご指導と、さらに厳しい言葉で私の考え方をいさめられた塾長例会での経営問答に前後して、稲盛塾長の書籍の輪読や、経営理念手帳の作成、フィロソフィの勉強会、朝の輪読、それに対する上司からのコメントや社員同士の意見発表などを社内で行っていきました。

それまで参加していた講演会や研修会では、企業経営やリーダーとしてのテクニックやハウツーばかりでしたが、盛和塾では初めて経営の理念や哲学に触れ、学んだこと全てが身になりました。事業としてどう家業に向き合い、上司として、経営者としてどうあらねばならないか、あるべき姿を模索していく。全てにおいて常に謙虚にしておごってはならないこと、努力を惜しんではいけないこと、さらに経営は最後には強い意志で決まるということを学びました。

また、後年のことですが、クリーニング業界の問題について稲盛塾長に直接ご指導いただいたこともあります。２００９年、大手クリーニング会社が建築基準法に違反していたことが新聞報道で明らかになりました。ドライクリーニングに用いる石油系溶剤は引火しやすい性質があるため、住宅地や商業地での使用は約60年前に禁止と法制化され、その後一切の行政指導はありませんでした。それに違反していたのです。

実は業界の内情をいいますと、行政は従来、慣例的に石油系溶剤の使用を容認していたため、大手に限らず個人店のクリーニング業者も石油系溶剤を使用しており、それらは住宅街や商店街にも立地していました。そのため中小のクリーニング業者は急な行政指導に対し「対策に追加の設備投資が必要なのか。薄利多売のなかでそれをしたら経営が立ち行かなくなってしまう」と怯《おび》え、大小全てのクリーニング業界が違法として訴えられるのではないかと心配しておりました。それゆえ行政に対して事業者が声を上げる必要があるのではないか、との機運があったです。

塾長にその実情をお話ししますと、じっと耳を傾けてくださいました。そして「クリーニング業は民間事業ではあるが、公共サービスといえるまでになっている。心配するな。今は目立つことをしてはいけない。また何かあれば言ってこい」と指針を示されました。事実、その後、所管する国土交通省からの通知は「技術的助言」にとどまり、安全に留意することで引き続き事業ができるようになりました。

稲盛塾長は自身が携わってこなかった業界についても、一経営者として確かな見通しを示してくださいました。私にとっては、稲盛塾長の見識の広さ、洞察力を示すエピソードとして記憶しております。

●職人に説き続けたアメーバ経営

1995年からはアメーバ経営を導入しましたが、最初は社員に定着させるのに苦労しました。クリーニング業界はアイロン一つの商売。「自分の目で見て技術を盗め」という職人の世界です。アメーバ経営にしても、分からない人は付いてこない。「こんなことをやりにきたのではない」「目の前の洗濯物の処理が遅れているのにそれでもやるのか」と理由を付けては避ける社員がいました。

それでも丁寧に長い時間をかけ、実施することを求めていきますと、社員の間でも、地道に取り組めば採算表が良くなることが少しずつ分かり始めます。1時間で7枚しかできなかったところが、10枚できるようになったとしたら、生産性は50%上がると数値化されます。生産効率を数値化したら認められることが、職人にも伝わります。すると、時間当たりの作業効率を最高にするには行動をどう変えればよいかと、社員自ら問うてきてくれるようになりました。そのために、始業前に掃除やメンテナンスを行えば、機械の故障が起きないから生産性が上がることが分かってくるわけです。

さらに社員たちの意欲を高めるために、3カ月に1回、「コミットメントコンパ」を行っています。私、もしくは直属の上司と本人が話し合い、現状からもう少し頑張れば達成できる目標を設定します。そして達成できたかどうかを3カ月ごとに自己評価し、また次の目標を設定します。上司は部下が目標達成できるように後押しします。個人目標が集まって、支店目標、さらに地域ブロック単位の目標に集約されていきます。個人の目標達成が最終的に会社全体の目標達成につながっていくのです。

●「栃谷商店」からの脱却

「栃谷商店」だった弊社がアメーバ経営の導入で採算表を入れたことで、会社の数字の透明化が進みました。自分たちの改善や努力が数値で現れて、社員からも見えるようになりました。全国に30ある支店が最優秀社長賞を目指して切磋琢磨し、全社総会で優秀な支店を表彰します。数字に基づいた実績を見て、仲間同士で褒め合うことができ、さらに翌年も競い合っていきます。目標を掲げて支店ごとで目指すベクトルに合わせ、頑張ってくれています。

私が入社して以来、会社の年商規模は10倍になりました。アメーバとフィロソフィは、当社経営の両輪で、どちらも欠かせません。企業の潜在能力を高めるツールとして活用し全員参加の経営、つまり社員一人ひとりが目指すベクトルに合わせることができました。一方に経営数値、もう一方には経営理念（フィロソフィ）がなければいけないことを教えていただいたことが成長の要因でした。

「常に謙虚であらねばならない」

「誰にも負けない努力をする」

「土俵の真ん中で相撲を取る」

塾長が言われたあらゆる言葉が、私にとっての学びでした。塾長に出会わなければフィロソフィが大切であることさえ気付くことができませんでした。

いまコロナ禍で、ファッション業界はアパレルの倒産やブランドの消滅など、大きな打撃を受けています。その川下にあるクリーニング業界も、晴れ着を着るような年中行事が縮小するなど、需要が減り非常に厳しい状況になりつつあります。しかしアメーバの採算表があるおかげで、日々社員に現状を伝えることができ、直営店350店舗の状況が確認できます。

このコロナ禍でも、社員全員が同じ物差しで高い精度で経営状況を把握できる。ただ、システムはあくまでツールであり、経営理念が会社の精度を決定することを社員に言い続けないと元に戻ってしまいます。フィロソフィそのものの品質を上げることがいかに大事なことかと実感しています。

かつて地元である北陸から他の地域へ店舗を拡大していったときに、支店経営、全社採算でなければいけないと考えていました。稲盛塾長は「会社と腫物は大きくなったらつぶれるのがおち」と仰います。その教えのおかげで、一店舗一店舗、支店採算が見える形で展開していくことが大事だと気付かされました。同時に、フィロソフィ（経営理念）とアメーバ経営は会社運営の両輪です。この大切な両輪の上に展開していくことの重要性もしっかりと心に刻みました。

クリーニング業は、受付、集配、洗い作業、仕上げ作業、販促、経営システムと、あらゆる段階で改善できる幅が広くあります。そして今、北陸から中京関西という遠隔地の店舗まで、どれだけ裾野を広げていくか、フィロソフィの浸透を図るかが取り組むべき重要課題となっています。

●「親父ぐらいの規模の会社を作ってから文句を言え！」

片岡　輝晃（㈱赤門　代表取締役社長）

千葉県を中心に展開する焼肉レストラン赤門。1972年、片岡寛晃氏が焼肉のファミリーレストランを目指して創業した。現在では、赤門、凱旋門の名称で15店舗を運営している。半世紀近い歴史の中で、店舗火災やBSE（牛海綿状脳症）問題、O-157による食中毒など、さまざまな苦難を経験し、その都度、乗り越えては、さらなる飛躍を果たしてきたのである。

2001年に父の寛晃氏から社長を譲られた輝晃氏は、自分なりの経営術で会社運営を試みるが、BSE問題などに直面して、大幅な利益減をもたらしてしまう。輝晃氏は責任を取らされ、勝田台店店長への降格となる。父との意見の対立、社員の前での激しい叱責、プライドも自信も粉々に砕かれる日々だった。

そんな時、盛和塾の稲盛和夫塾長なら、どのようなアドバイスを授けてくれるのか、そんなことが頭に浮かんだ。塾長ならば、自分の苦しみを分かってくれるのではないか、励ましてくれるのではないか。そう考え、すぐに面談を申し込んだのだった……。

●盛和塾・稲盛塾長との出会い

私が盛和塾に参加したのは、1997年のことです。当時は社長だった私の父（片岡寛晃・現会長）が勉強会を主宰しており、そこに来られていた方から「盛和塾という素晴らしい勉強会がある」と教えられ、父と私が参加したのです。それが千葉県の佐倉塾でした。

その時は先輩の経営者が体験発表をして、その後に質問コーナーがあったのですが、正直に言いますと、私にはぴんと来ず、その後は疎遠になっていきました。これは父も同様でした。

片岡氏

そもそも父は、あまりお酒が好きではないので、懇親会のような集まりも苦手だったのです。4年間ほどは、いわゆる幽霊塾生だったのではないでしょうか。

2001年に京都で世界大会が開かれたとき、久しぶりに参加することにしました。といっても、大会の内容に興味があったわけではなく、忙しい時期だったので、京都へ行ってのんびりしたいという、かなり不純な動機からでした。

この会場で、初めて稲盛塾長を遠目に見ることができました。何を話されていたか、まったく記憶にないので、本当に不肖の塾生です。もちろん、幽霊塾生と言いながらも、盛和塾に参加していたのは、稲盛和夫という人に関心があったためです。盛和塾での講話はあまり聞いていませんでしたが、塾長の本はかなり読んでいました。「動機善なりや私心なかりしか」「謙虚にして驕《おご》らずさらに努力を」といった言葉に心が震えたのを覚えています。

著名な企業の経営者の書いた本だから、いわゆる経営のノウハウやハウツーものを想像していたのですが、極めて道徳的な内容だったのに驚かされたものです。実は、私は父親に連れられて「モラロジー」という道徳科学の勉強をしていました。そこで学ぶ「道徳」と相通じる内容が稲盛塾長の口から語られていたので、なじみやすくもあったようです。父が稲盛塾長の本を買い込んで読破しては私に勧めてくれ、それから次第に塾長の本にはまっていったのです。

そんな私が、稲盛塾長から手厳しく叱られることになるのは、さらに4年後のことでした。

●父との衝突、店長への降格

焼肉レストラン赤門は、創業者の父がワンマン経営でやってきました。パワフルな父ですから、会社全般に目を光らせて、あらゆる部署に的確な指示を与えていました。

そんな父が会長となり、長男である私が社長となったのが2001年4月のことです。この直後、焼肉レストランである赤門にとって最大の試練となるBSE問題が襲ってきました。それも2001年にイギリスで起きたBSE問題ではなく（この時も大変でしたが）、2年後にアメリカで起きたBSE問題の方が影響は大きかったのです。赤門は、提供する牛肉の99％をアメリカに頼っていました。その肉が手に入らなくなる。考えられる手立ては、オーストラリア産の肉を入れるか、それとも国産肉で賄うか、そのいずれかでした。

私は国産の牛肉で勝負をかけようと決めます。少し高めですが、味は上質です。お客様のニーズに十分応えられると考えました。ところが、蓋を開けてみると、「高い割に硬い」と国産肉は極めて不評だったのです。売上は落ちていき、じり貧の状態でした。2004年の決算は、23億円の売上に対して0・09％の利益。全店舗で192万円ぐらいにしかならなかったのです。

この時、私の社長としての采配を見た父から「お前は社長の器ではない、勝田台店の店長になれ」と、いわば降格を言い渡されてしまいました。対外的には「社長」ですが、社内的には勝田台店店長です。朝から晩まで勝田台店で働くことになりました。

この人事は、私にとって屈辱だったと言えます。会長は店舗回りで、定期的に店を訪れます。私も会長のお供で

企業データ

企業名●株式会社赤門
設立●1972年
所在地●千葉県八千代市勝田台1丁目1
従業員●543名
事業内容●焼肉ファミリーレストラン赤門・凱旋門の展開

店内を歩き回ります。至らない所が目に留まると、その都度、叱責が飛びます。店のど真ん中で怒鳴られたことも一度や二度ではありません。それも全店員の前で怒鳴られるのです。仕事のことだけでなく、時には人格の否定も入ってきます。心が折れそうになりました。

もう一つ、父から責められたのが、保険の問題でした。その頃、外資系も含めていろいろな保険が作られ、金融機関の利回り以上の金利を約束するところもありました。会社としての保険だと経費で落ちます。返戻金も得ですし、がん保険や人間ドックも受けられるので、従業員のための福利厚生にも役立つと考えたのです。これが年間で３０００万円ほどかかりました。この保険が、父の逆鱗《げきりん》に触れたわけです。

ちょうどＢＳＥ問題で経常利益が激減し、ボーナスも出せない時期でもありました。そんな時に「こんな高い保険に入って、お前は何をやっているんだ」というわけです。

私は私で言い分があります。節税効果もありましたし、福利厚生にも役立つ。実際、社員の病院への支払いを保険で済ませた例も少なくないのですから。

つまり、どちらが正しいかということではなく、もう考え方の違いでしかない。これでは話し合いにもならないのではないか、そう思えました。そのためか、父とはケンカにはなりません。いつも私が一方的に怒られる。私は下を向いて叱声を聞くだけでした。ただ、さすがに我慢の限界が近づいていることは感じていました。このままいくと、精神的にまいってしまうなと思ったのです。

妻も子どももいましたから、そう簡単に会社を辞めるわけにもいかない。辞めるとしたら、家族が食べていける仕事を探してからでなくてはいけません。ずっと赤門で働いてきましたから、やれることは限られています。どこか遠く離れた土地で小さな店でも借りて、食べ物屋をやろうか、そんなことも思い始めていました。

この時、思ったのは「稲盛塾長ならどう結論付けるだろう」ということです。父の考え方も私の考え方も、両方とも間違っているわけではない。しかし、会社としては、どちらかを選ばねばなりません。そのことを尋ねてみたかったのです。

それで早速、盛和塾に手紙を書きました。「こういうことで悩んでいるので、ぜひともお会いして、ご意見を拝聴したい」と書き送ったところ、塾から「1時間もないけれど、それでもいいなら」と返事がきました。それが2005年です。インターコンチネンタルホテルのスイートルームです。塾長と初めて対面でお会いすることができました。

●稲盛塾長にアドバイスを求める

塾長との会談は、初めは父と私で臨むつもりでしたが、当時営業本部長だった弟が「一緒に行く」と言ってくれました。私の助け舟になるつもりだったのです。すると、父が「お母さんを連れて行く」と言い出します。2対1では旗色が悪いと思ったのでしょう。今度は、私が

「女房を連れて行く」、弟も「妻と子どもを連れて行く」となって、総勢8人で伺うことになりました。

部屋に入って挨拶を交わすと、塾長から「こうして家族がそろっているのはうらやましい」と言われました。塾長は、各地を飛び回ってばかりでなかなか家族と共にいられないそうです。ただ、あまり大人数だと話もできないので、父と私と弟の3人だけが残って、母や女房は帰されました。

部屋では大きなテーブルを挟んで、向こうに塾長、こちらに父と私たち兄弟。テーブルの上には大きなガラスの灰皿がありました。

状況の説明は私がしました。これまでの経緯を話して、それに弟が補足する。できるだけ客観的に話したつもりですが、どうしても自己弁護のような言い方になってしまいました。その分、父に対して批判的にならざるを得なかったのです。父は一切口を挟みませんでした。

稲盛塾長は私たちの話を真剣に聞いてくれました。私や弟から目を離しません。

説明が終わると、塾長が目の前の灰皿をぐっと握り締めます。一瞬、その灰皿で殴られるのではないかと思いました。

「生意気言うんじゃねえ！」

すさまじい迫力で、怒鳴られました。

最終的には、独立した方がいいかどうかということを聞いたのですが、

片岡家メンバーと稲盛氏（左から３人目）

「親父の後も継げんやつが一店舗できるか！　親父ぐらいの規模の会社を作ってから文句を言え！」

それで終わり。何も言うことがなくなってしまいました。「血みどろの努力をしてここまでの会社を作り上げた両親が正しく、苦労もせずにその土台の上でちょこんと座っているやつが何を言っているんだ」という趣旨の激励でした。

父を見ると、にっこり笑っています。後で聞くと「塾長は俺の言いたいことを言ってくれた」と思ったそうです。ただ、私としては納得してはいません。どこかで自分の悪い点にも感づいてはいたのに、それを「認めたくない」という思いが強かったのです。自分を受け止める勇気がなかったと言えます。帰ってからも悶々としていました。

この面談のすぐ後に、モラロジーの会で1週間のセミナーがあったので、仕事を休んで参加しました。今の状態を打開できるのではないかという気持ちからです。この1週間は、セミナーの内容よりも、仕事から離れて自分を見つめ直す契機になりました。

セミナー中、大変な事に気付かされました。私は単なる道楽息子で、これまで社長として何一つ達成したことがありません。長男だから社長になっただけですから、会長の信頼を裏切った段階で、もしも親子でなければ馘首《かくしゅ》されていたでしょう。普通の会社なら、まず社員として修業を積んで、その末に社長の座に就きます。自分はその修業期間がなかったわけです。

そうなると、一店長として働いている今の状態こそが「修業」そのものだと思わざるを得ませんでした。社長になってから修業を行う。仕事の上では、会長の信頼回復に努めなくてはならない。それが正しい姿だろうと思えたのです。

私は、セミナーから戻った日から毎日父の家に行くことにしました。朝の10時ごろ、「おはようございます」と訪問します。初めは「敷居をまたぐな」と怒鳴られました。家の中にも入れてもらえません。それが何日も続きます。

そのまま帰っても仕方ないので、翌日からノートに業務報告を書き記し、郵便受けに入れるようにしました。次の日、父の意見が赤字で書かれているのを持ち帰ります。それを続けているうちに、やっと家に入れてもらえるようになりました。

それでも、私一人だとケンカになりそうなので、当時の取締役を連れて訪問しました。新しいメニューのことなどを報告すると、ここでもまた怒鳴られます。父に会うことが、初めは足が震えるほど怖くて、嫌なことでしたが、続けているうちに自信がついて強くなっていったのです。

父も少しは私のことを見直してくれていたのではないかと、勝手に推測しています。と言いますのも、意地っ張りの父ですから、決してそのような甘い言葉は口にしないのです。

さすがの父も気弱になったなと感じたのは、2011年の東日本大震災の時でした。各店舗でライフラインが途切れ、電話も通じなくなり、現場は動揺していました。私は、すぐに父の家に向かい、様子を見るとともに指示を仰ごうとしたのです。すると、父は自宅で本棚の整理をしていました。余震が来ると危ないから、と家から連れ出し、とにかく広い場所へと避難させたのです。この震災を機に、業務上の決断を仰ぐと「みんなで話し合ってくれ」と言うようになりました。気弱になったというか、私のことも少しは認めてくれるようになったのかもしれません。

振り返りますと、稲盛塾長に叱られなければ、今とは違う人生を歩んでいたのは確かです。そして、きっと今より良くない人生になっていただろうと思います。

盛和塾に「機関誌マラソン」というものがあり、機関誌156号分を毎週一冊読んでは感想文を書いて提出するのです。これが先日、終了しました。その最後の号の塾長の言葉は、〝人生で一番大切なのは、目の前のことに一生懸命努力すること。とにかく逃げずに努力しなさい〟というものでした。

これを読みながら思い出したのは、父に怒られた時のことです。父もまた、こんなことを言っていました。

「とにかくわき目を振らずに目の前のことに、つんのめるぐらい頑張れ！」

塾長と同じことを話していたのだと、改めて感心しました。

そんな父の元で修業していることもまた、盛和塾での学びとともに、現在の私の力となっているのでしょう。

「社長が『俺が立派だから』と言っている会社は長続きしません」

堀口　智顕（サンフロンティア不動産㈱　代表取締役会長）

夢のある生き方をしたいと30代で独立した堀口智顕氏。バブル崩壊などの影響もあり、なかなか思うように経営ができていないときに出会ったのが稲盛氏の教えだった。学びを実践することで順調に業績を伸ばし、上場を果たし、コロナ禍でも596億円の売上を上げる会社にまで成長させた。そんな同氏だが、上場を目前に控え、経営手腕に自信を持っていたころに稲盛氏に叱責を受けている。

●社員と共に寝食忘れて働くも「あんたの経営には愛がない」と一喝

私は31歳で独立、ワンルームマンションの一室で事業をスタートしました。しかし、最初こそ順調でしたが数年後にバブルが崩壊、必死で働いたものの苦しい日々を過ごしていました。突破口はないものかとあちこちの勉強会にも参加、そのメンバーから手渡されたのが、「利他の心」と題した塾長の講話テープでした。そこで「人の喜びこそ自分の喜び」という言葉と出会い感動、すぐに盛和塾への入塾を決意しました。37歳の時のことです。以来、塾長を追っかけ、少しでも近付きたいと学び続けています。

とはいえ、失敗も数々あります。入塾後、41歳でサンフロンティア不動産を創立、塾長との出会いのおかげで順調に事業も拡大し、２００４年、46歳の時にＪＡＳＤＡＱ上場を目指していた時のことです。

その年の6月、栃木県、渡良瀬の例会で、私は経営体験発表させていただく機会を得ました。塾長と出会い、教えの通り利他の精神はもちろん、勤勉に、誰にも負けない努力をしようと、朝8時前から夜は12時過ぎまで仕事に打ち込み、社員もそんな私に倣い夜は12時を回るまで仕事していました。その甲斐あって入塾後の6年間、業績は毎年2倍近い伸びを示していました。

当然、私は自分の経営手腕に自信満々。発表では、広告で「24時間いつでもお電話くださいい」とＰＲ、実際真夜中に電話がかかってくることもあり、女性社員がワンコールで「はい、サンフロンティア不動産でございます！」と応対していますと胸を張って述べました。また、全社挙げてのスポーツ合宿では毎年勢い余って骨を折る社員が何人かいたのですが、彼らが松葉杖をつきながらでも営業に出る姿を「一生懸命やっている、我が社の名物」だと、自慢しました。私は社員皆が自主的に生き生きと、やりがいをもって仕事に取り組んでいるし、結果業績も伸び、いよいよ上場できるところまで成長でき、皆の幸せのためにもこれで良いのだと、心の底から思っていました。

しかし、発表を聞き終わった塾長のひと言は、思いもよらぬものでした。

「口では利他と言いながら、あんたの経営には愛がない。遅くまで働いてくれている社員に対し、愛の心、慈悲の心で『もうやめてくれ』と言わないといけません。そんなに頑張ってくれている女性社員を見て、よく頑張ってくれていると甘えて喜んでいるようでは、本当の経営者ではありません。社員の幸せを願うならば、健康を維持することにも気を配らなくてはならない。社員が頑張っているのに、社長が『俺が立派だから』などと言っているような会社は長続きしません」

堀口氏（左）と稲盛氏（右）

　塾長を見習い、立派な事業を通して社会に貢献し、立派な人生にしたい。学も何もない自分でも時間だけは皆と同じだけある。ならば一生懸命働くことで、人間を磨き、社会に必要とされる会社を作ろうと思ったのですが、塾長からは厳しく教え諭されてしまいました。しかし、そもそも私は単純な人間なので、なるほど愛のある経営か、夜遅くまで働かせてはいけないのかと、翌日から社員に「夜は11時までに帰ろう。毎週水曜日は8時には帰る。半年後には10時退社にする」と宣言しました。ところが、結果は散々、なんと7月から12月期の業績はがた落ちです。体制も整備せずに、「帰れ帰れ」と言うだけですから、業績が落ちて当然です。社員たちも業績が厳しいのに働きたくても働けず、不満が募っていました。しかし、上場を目前にした時期でしたので、最後は本当に大変でした。なんとかギリギリ目標の売上をクリアし、その年の11月に上場することができたのは奇跡でした。

●「仲間のために助け合える」同じ価値観を持った社員を育てる

実はこの時、もう一つ大きな問題が起きました。社員全員が固定給のために、業績に責任を持たず、時間になったら帰る「ぶら下がり人間」が増殖、つまり社員たちが自分の頭で考えなくなってしまったのです。そんな彼らの姿を見て、会社や社員の幸せを基準に考えた時、このやり方は「愛」ではなく「大罪」だと気付きました。そこで、すぐに目標管理を個人ベースで徹底し、自ら仕事を考え、生み出す方向へ切り替えました。当然、思考することに慣れていない人間は去っていきましたが、残ったメンバーは会社が好きで、会社に自分の夢をだぶらせ、仲間のために働く、社会に役立つ仕事をする、仕事を通じて自己実現したいという志を持って、仕事に取り組んでくれるようになりました。

2007年に東証一部に上場しましたが、今も変わらず社是は「利他」ですし、経営哲学の1番も「利他」です。人の役に立つことが自らの幸せである人間でないと、我が社にはなじめません。

例えば、1日の仕事は毎日、掃除から始まります。社内だけではありません。トイレはもちろん、会社の周り、町や道路も掃除します。我々の商売は町がなければ、人がいなければ成立しません。道路があるから建物ができ、そこに人が集まる。その人々のお陰で不動産業ができるだけ。そうした場所をきれいにする力になれるのならばと続けています。汚いままでは、みんな気分悪い。自分たちが掃除したら、周りの人たちも心地よくなれるのであればやろう。その思いを共有できることが大切です。

会社はいろいろな専門職の人がいて、それを集めて総合力を発揮するべきなのですが、価値観が異なると小さなこと、言葉尻ひとつでもめたり、ぶつかったりして人間の輪ができにくい。ところが、我が社の場合はもともと同じ価値観を持った人間が集まっていますから、一人のお客様の困りごとに、4～5人の社員が直接足を運び、それぞれの専門性を生かしながらその場で問題を解決していきます。すると、クライアントは自分のためにそこまでしてくれるのかと我が社を信頼し、仕事が成立する確率が上がります。さらに、「どうせなら全部お宅に任せるよ」と全幅の信頼を寄せてくださるようになる。つまり、会社の全体智を使って仕事をすることで、結果的に付加価値

企業データ

企業名●サンフロンティア不動産㈱
設立●1999年4月8日
所在地●東京都千代田区有楽町1丁目2番2号 東宝日比谷ビル14階
従業員●1144名（パート・アルバイト含む）
事業内容●不動産再生を中核とする総合不動産サービス業

の高い仕事が生まれるのです。

仲間のために働く社風を作るためには、お互いを知ることが始まりですので、色々な工夫をしています。先に述べたスポーツ合宿もそうですし、社員旅行も毎年行っています。誕生日には全社員に600字程度のメッセージを考えて渡しています。私は会長になりましたので、今は社長が行っていますが、社員が175人だった時までは私一人で全員分のカードを書いていました。ほかの社員の前でカードとプレゼントを渡すのですが、その場でカードは読み上げます。褒めることが7割、期待することが3割、けなすことは絶対書かないというのが、鉄則です。

また、コンパ、飲み会の費用も一人2500円を月3回まで、会社が補填して奨励しています。業績を達成した場合には、チームに対して一人5000円支給します。飲みに行くチームもあれば、プラスアルファをして旅行に行くチームもあります。皆、仲間を好きで楽しみにしていますよ。

●コロナ禍でも無理はせず自然体で

去年からの新型コロナウイルス感染拡大で、私たちの業界も大きな痛手を受けています。でも、私は皆に「無理はするな」と伝えています。これはリーマンショックの時の経験がもとになっています。

確かに、こうした状況はある種チャンスではあります。しかし、不動産、特にオフィス市場はリモートワークが進むなど、この先どう動くか不透明な部分が大きい。そんな時は無理をせず、付加価値の高い商品開発やサービス作りでしなやかに変化しようと伝えています。一番大事なのは、嵐の時に損失を出さないことです。リーマンショックの時は大きな損失を出し、会社を危機に陥れてしまいました。

堀口氏

いつか嵐は過ぎ去ります。損失を出してしまっては体力を消耗し、立ち直るときの労力が余分にかかってチャンスの立ち上がりが弱くなります。社員皆のお陰で利益は出ていますが、社会は急激に変わっています。ビジネスモデルを鍛え上げ、危機感を持ち、社会の変化の半歩先をビジネスに。常にお客様視点で改良改善です。いつでもロケット噴射する準備はできています。

いつどんな時でも生きる目的を共有する仲間の存在は強いものです。心を高め合う社員皆が、仲間のために働く企業風土が、会社を守ってくれています。地球的な未曽有の危機を目の前にして、改めて塾長が説く「利他の精神」の真価が問われる今、その力が発揮されていることに強く感謝する日々です。

●「女房を外せ!!」と怒鳴られて塾長の真意を知った

岩本　政一（(株)ヨンマルサン　代表取締役）

父親との経営方針の違いから独立し、妻の実家がある山梨県でクリーニング店を開業した岩本政一氏。経営をしていく中で、思うように業績が伸びず、悩みを抱えていた時に出会ったのが稲盛和夫氏であった。

●「下を向かず、従業員を大切に」

私は静岡県のクリーニング店の長男として生まれ、中学卒業後家業を手伝うようになりました。11年後、当時はバブル景気も手伝って年商1500万円の店が、年商6000万円に成長しました。父は仕事一筋で真面目な人でしたが、安定志向。「もうこれでいいのでは」と考えていました。一方の私はもっと頑張って「夢の1億円」を目指したい。悩みぬいた結果、自分の力を試そうと50万円を手に妻の実家のある山梨県で1992年、10坪ほどの小さなクリーニング店をオープンしました。

盛和塾に入塾したのは、それから13年後の2005年のことです。当時の私は会社経営の勉

営者の名前も、「盛和塾」の存在も知りませんでした。一方で会社の経営は、思い切った設備投資をしたものの思うように売上が伸びず、赤字経営を続けていました。うまく行かないことに悩んでいた私を見かねたのか、先輩の経営者から盛和塾で一緒に経営を学ばないかと誘われ、面接を受けたのですが、あまりに何も知らない私に面接官の皆さんは、あきれ果てていました。

転機は入塾から1年経った2006年6月に訪れました。その日、私は栃木県渡良瀬で開催された盛和塾の塾長例会に出席していました。クリーニング代金を値下げするべきかどうか塾長に相談したくて、司会の方の「何か質問のある方はいますか」との呼びかけに、つい手を挙げたところ「どうぞ」と指名されました。

ところが、私の口から出たのは全く別の話でした。

その数カ月前、社員が自殺しました。会社や仕事が原因ではありませんでしたが、「悪いのは会社だ」とご遺族からは厳しい言葉を投げかけられました。何より、社内が暗い雰囲気になり、「ここにいると死んでしまうの

盛和塾塾長例会発表にて
岩本氏（左）と稲盛氏（右）

ではないか」という声まで上がり、それが辛くて多くの従業員が辞めていったのです。

気が付くと私の中にたまりにたまったものが一気に噴き出すように、私は泣きながら塾長に話していました。さすがに周りの塾生の皆さんは驚いていました。言葉にならない私に塾長はこう仰いました。

「私にもそういうことがありました。下を向いていないで、残ってくれた従業員を大切にしてください。従業員の待遇を良くし、素晴らしいクリーニング屋さんにしてください」

この言葉を耳にした瞬間、私はこれからも会社を経営してもいいのだと許しを得たような気持ちになりました。そのくらい、当時の私は追い込まれ、自分自身を責め続けていました。

二次会での問答後、塾長はわざわざ私と妻の席までやってきて、

「元気を出して頑張りなさい」と声をかけてくださいました。

それまでの私は、「売上を上げること」にばかり固執していました。しかし、塾長から「会社は利益を優先するよりも、まずは人を大切にし、規模は小さくてもいいから素敵なクリーニング屋にしなさい！」

と言われ目が覚めました。商売は、まず人を幸せにすることが大事で、私は順番を間違っていたのです。売上を上げることばかり考えていたから、経営もうまく行かなかった。そんな当たり前のことに、ようやく気が付くことができ、ならば塾長の言葉を信じて、もう一度経営にまい進しよう。その日、私はそう誓いました。

●「女房を外せ」の本当の意味

２００８年9月、札幌での塾長例会経営問答が終わったコンパの席で、私は突然、塾長に呼ばれ、隣の席に座ると、いきなり
「いいか、今までどうにか経営ができているのは、女房のおかげだ。だから、女房を外せ」
というわけです。この時は正直、妻を辞めさせろなんて変なこと言うなぁくらいに思っていたのですが、11月の山梨での開塾式でも、さらには12月の忘年例会でも、わざわざ塾長のほうから「女房を経営から外せ」と言ってくるのです。ところが、当の本人、妻は「私は仕事が好きなんだから、辞める必要はない」と言います。困り果てました。

実は中卒で働き始めたこともあり、スーツを着た人が集まるような経営セミナーは見下されているように感じて嫌いだった私に、
「稲盛さんはそんな人じゃないわよ。あなたは売上を上げること、会社を大きくすることしか考えていないけど、

企業データ

企業名●株式会社ヨンマルサン
設　立●１９９2年3月29日
所在地●山梨県南都留郡富士河口湖町船津３１６１-2
従業員●80名
事業内容●一般クリーニング事業、全国宅配クリーニング事業、コインランドリー事業、アパレル事業、フード事業

稲盛さんは違う。稲盛さんの本には『人を大切にしろ』とか大事なことが書かれている。入塾したら、きっと勉強になるから」
と盛和塾を勧めてくれたのは妻でした。彼女は私が「稲盛和夫」の名前さえ知らない時から、塾長の素晴らしさに気付いていました。そんな彼女に会社を辞めてくれなど、言い出せるわけがありません。
２００９年3月の代表世話人会のコンパで塾長の隣に座りました。「また色々言われるのはたまらん」と思った私は、知らん顔をしていました。すると、塾長が懲りずに
「女房を外せ」
と言ってくる。さすがに私は
「塾長、はっきり言わせていただきますが、女房と話したら仕事がしたいと言っています。それで、いいじゃないですか！」
と言い返しました。すると、塾長が怒って
「お前の携帯を貸せ！　俺が直接女房と話す！」
と言い出すので、
「結構です。自分の家のことなので、自分たちで決めます」
と反論しました。しかし、塾長は
「とにかく、今まで経営ができたのは女房のおかげだから、もう女房にはゆっくり休んでもら

え。塾長にそう言われたと伝えろ」
とまで言ってくる。それでも、私は私で納得がいかないから、ムッとしていると、ついには
「分からないのか、お前は！　俺がお前に言いたいのは、『頑張れ!!』ということなんだ。努力が足りないと、お前に言いたいんだ!!」
と怒鳴られてしまい、さすがに私も
「分かりました。必ず実行します」
と言って、その場は終わりました。
その後、私は改めて塾長の仰ったことの意味を考えました。そして、山梨の盛和塾開塾の準備をしている時に塾長と二人で話したことを思い出しました。私たちは「誰にも負けない努力」について話し合っていたのですが、私は塾長に
「『誰にも負けない努力をしよう』と経営者に言うのは分かりますが、従業員にどう伝えればいいのでしょう」
と尋ねました。塾長はしばらく目を閉じ考えた後、静かな声で
「お前の背中で見せろ」
と仰いました。その言葉を思い出した瞬間、塾長の

岩本夫妻と稲盛氏（中央）

「女房を外せ」

という言葉とつながり、「そういうことだったのか！」と膝を打ちました。

そのころの私は朝から晩まで一生懸命働いていましたが、従業員を大切にしているか、世のため人のためになっているかというと、はなはだ疑問でした。つまり、私は努力する心のスタート地点が間違っていたのです。気付いて、意識を変えて実践してみると、まわりの景色が一変しました。同じように朝から晩まで一生懸命働くにしても、その先に従業員や妻や家族を思いやる気持ちが生まれたのです。

妻を経営から外したことで、妻自身にも変化がありました。私たちには重度の知的障がいを持つ娘がいるのですが、時間ができたことで妻の気持ちが今まで以上に娘へ向くようになりました。障がいを抱える方のサークルやボランティアの皆さんとの時間を持つこともできるようになりました。仕事が忙しく、ずっとそうした時間を持つことができず、彼女も辛かったのかもしれません。塾長は娘のこともよくご存じでしたので、きっと娘や妻のためを思って「俺が電話するぞ」とまで言って私を叱咤してくださったのです。塾長の檄《げき》がなければ、私たち夫婦だけでは決断できなかったでしょう。

●家族のように従業員を愛し続ける

塾長と出会うまでの私は、従業員に相談したり話しても仕方がないと、思っていました。それが盛和塾に入塾し、塾長や仲間と出会ったことで、あるとき従業員との関係は恋愛というよりは「家族愛」に近いものだと気が付きました。恋愛は熱してても冷めることがありますが、家族はそうではありません。これこそが、塾長が教えてくれた愛情だと思います。「女房を外せ」などまさに家族愛で、普通、赤の他人にそこまで言う人はいません。確かに人の家庭にまで入り込んでくるような言動ですから、嫌な人は嫌でしょう。でも、愛情があるからこそなのです。以来、私も塾長に倣い、家族愛の気持ちで従業員に接するようにしています。一方通行でもいいから、従業員を愛し続ける。これが塾長と出会って、一番変わった点です。

塾長は上場企業の優秀な人ばかりでなく、私のように出来の悪い人間にも同じように声をかけてくれます。学者など「先生」と呼ばれるような人から、パート、アルバイトに至るまで、同じように思いやりあふれる付き合いをしてくれる人です。

ただ、私はある時、気が付きました。私が一生懸命やっていないときは、なんとなく冷たいのです。反対に真剣に働き、やる気がみなぎっている時は塾長から声がかかる。つまり、塾長は私たちの能力よりも、熱意を見ている。熱意があり、一生懸命努力を続けないと、塾長とともに歩むことはできない。私は今も、そう自分に言い聞かせながら働いています。

●社員の動き、目の輝きを見て「これは田舎の工場やな」

稲田 二千武（ファミリーイナダ㈱代表取締役会長兼社長）

日本におけるマッサージチェアの製造販売の老舗、ファミリーイナダ。創業からすでに59年が経つ。22歳で会社を興し、今日の規模に成長させたのが現会長兼社長の稲田二千武氏である。

稲盛和夫塾長との出会いは、当時「盛友塾」（1983年発足、1989年に盛和塾と名称を変更）と呼ばれた勉強会の頃というから、35年ほど前のことになる。

当時の稲田氏は、幾度もの会社の浮き沈みを経て、やっと落ち着きを取り戻した頃であった。にもかかわらず、心のどこかに不安を抱え込んでいたという。不安、そして迷い。「会社経営とはこれでいいのか」「このままで成長していけるのか」「また失敗を繰り返すのではないか」など、先行きへの漠然とした心配や心もとなさに悩んでいた。今にして思えば、あたかも幻影に脅えているかのようなものである。

そんなときに稲盛哲学に触れた。初めこそうまく理解できなかったものの、何度も話を聞き、書籍を読み、そして自身の頭と心で咀嚼《そしゃく》していくうちに、不安や迷いへの対処の仕方が分かってきた。

35年経った今もなお、まだまだ稲盛哲学について学びの途中であると稲田氏は語る。日々、新たな発見があり、その都度「目からウロコ」状態になるそうである。

●拭いきれない不安の中、塾長に出会う

22歳で創業してから10年間は、とにかく商品がよく売れました。マッサージチェアは一台8万円から9万円で、今の金額だと100万円ほどでしょうか。年間で億単位の売上を上げましたから、20代の若造としては「商売とは簡単なものだ」という気になりますよ。外車を買ったり、夜の街に入り浸ったり、毎日、浮かれて暮らしていました。

稲田氏（右）と稲盛氏（左）

ところが、好事魔多しですね。10年目に、国税局の調査が入りました。査察の前段階なのですが、2億円ほどの追徴金を払わなくてはならなくなりました。

次に、不渡りにより、1億円ほどの損失をつかまされます。さらに、完成してすぐの第二工場が全焼してしまいます。おまけに、この工場は保険に入る前だったため、被害額は全てうちの会社が被ることになりました。それが2億円ほどだったでしょうか。

これと並行して労使問題が起き、続いてオイルショックが襲ってきました。

これだけのことが2年ほどの間に立て続けに起きたものですから、私の精神状態も普通ではなくなります。ノイローゼのようになってしまい、逼迫《ひっぱく》していた資金繰りを頼みに行っても、相手にもそれが伝わってしまうのか、なかなかうまく行きませんでした。

ところが、ある日、車を運転しているときに、ふっと「自力で何とかしよう」という気持ちになりました。言いようもなく力が湧いてきて、それからの資金繰りは必死でした。何とか必要な金額を手当して、その後も必死で働き続け、3年間で返済することができたのです。今思うと、何か自分以外の力が働いていたような気がします。

何とか会社を立て直し、自分でもいろいろと反省するようになりました。それでも不安や迷いは拭いきれません。日々、一所懸命に仕事をしても、いや、仕事に精を出せば出すほど、「これでいいのだろうか」という迷いが頭を巡るのです。あの2年間の衝撃は、それだけ大きかったのだと思います。

そんなとき、知り合いに誘われて盛友塾という勉強会に参加し、稲盛塾長の話を聞く機会を得ました。

塾長の熱情に驚かされただけでなく、やはり何度もお話に出てくる「ビジネスも利己主義に陥ることなく利他を考えねばならない」という考え方に深く感銘を受けました。

●「田舎の工場やな」との叱責を受ける

何十年ぶりかで、盛和塾山陰に稲盛塾長が来られたとき、弊社の大山工場を見ていただく機会がありました。私が工場内を案内し、設備の説明などもさせてもらいました。

見学が終わると、塾長から、開口一番、こう言われました。

「これは田舎の工場やな。社員の動きにきびきびしたところがない、目の輝きもない。これでは大きく成長することは無理だろう」

かなり手厳しい言葉でした。

私のところの工場には、それまで何千社もの企業の方が見学に来られていました。工場のシステムを見てもらい、その都度アドバイスを頂いていました。そして、全ての方々が「いい環境の工場ですね」「社員も一所懸命に働いていますね」と感想を述べてくれました。

それだけに、稲盛塾長の「田舎の工場やな」という言葉は、私の胸に突き刺さったのです。

企業データ

企業名●ファミリーイナダ㈱
創業●1962年3月
設立●1966年8月
所在地●大阪府大阪市淀川区宮原4−2−10
従業員●450名
事業内容●マッサージチェアの製造販売

その辛辣さが刺さったというよりも、塾長の指摘について、私自身も心のどこかで「やっぱり、そうか」と思っていたことが大きかったのです。

その頃の大山工場に、私は月に1、2度しか顔を出していませんでした。私に代わるような工場長もいなくて、管理監督が行き届いていないというのは、当の私が最もよく分かっていたことなのです。

ただ、いろいろな企業が見学に来られて、口当たりの良い感想を聞かされて、それで無理に自分を納得させていたところがありました。それらのことを一瞬で見抜き、ずばりと指摘していただいたことに大変驚いたのです。私の心の奥まで見透かされたような気がしました。

厳しいお言葉に心から「ありがたい」と思ったものです。

その後、塾長は幹部を集めるように告げると、10人ほどの幹部に向かって、いろいろなお話をしてくださいました。

「ここは、一流の工場の状態ではない。一人ひとりの動きの機敏さはないし、目の輝きもない。その最大の原因は稲田社長にあることはもちろんだが、かといって活気あふれる工場は稲田社長一人で作れるわけではない。幹部の皆さんが一人ずつそのことを胸に刻み、行動に移してこそ、工場にいる150人のやる気が出るのです。皆さん一人ひとりが、ここを《自分の会社》だと自覚してやってください。それが大事です」

後で幹部に感想を聞いてみると、「言われた通りだと思いました」という意見でした。私が同じ話をしても、そうは感じてもらえなかったでしょう。稲盛塾長の話の説得力というのは、聞く者の魂にまで入ってくるのです。

塾長のすごさ、偉大さを、さらに強く感じたのは、厳しいお言葉の後にすかさずフォローがなされたときでした。

後日、塾長は、マッサージチェアと同規模の製品であるコピー機を作っている京セラの枚方工場に「見学に来なさい」と勧めてくださったのです。私と幹部6、7名で見学に行きました。そこでは、製品を組み立てていく社員にランクがあり、中にはマスター的な人もおられました。全員が質の高い仕事を追求していることがひしひしと伝わってきました。うちの会社とは、一味も二味も違っていたのです。

見学したことを無駄にしないため、帰ってから活性化会議というものを始め、今もなお続けています。塾長に勧められて工場を見学して、それで終わりにしてはいけません。内容の分析、そこから改善策を出していくことが大事なのだと考えたからです。

●「原理原則」を重視して話す

塾長が話される内容は、特別なノウハウではなく、常にシンプルで当たり前のことを提示されます。中途半端なテクニックを教えるのではなく、仕事の原点は何か、そこから話に入っていきます。それだけに、経営者だけでなく社員にとっても分かりやすくて行動に移しやすいのです。

また、聞く者の経験値によって、感じ方も変わってきます。

私が稲盛哲学に初めて触れたのは45歳の時です。その頃までには、すでに、20代、30代で大きな成功と失敗の経験をしていたため、その経験に照らし合わせて納得することができました。因果応報の原則、自分に責任があるのは当然なのに、それが本人には分からない。自分を正当化して、周りのせいにしてしまいます。そのことに気付かされました。

さらに50代、60代になりますと、若い頃とはビジネスのやり方も変化していますし、社会情勢も変わっている。そこで、弊社が社会に対してどのような貢献ができるのかも考えるようになります。塾長がしばしば言われる利他の考え方ですね。

自分自身の年齢の変化、ビジネスの変化に応じて捉え方が違ってきます。常に稲盛哲学に立ち返り、触れることで、再度自分を見つめ直すことができるのです。だから稲盛哲学を学ぶというのは、限りがないのだと思います。「これでいい」とはならないのです。

私は、この年齢になっても、稲盛塾長が言われることへの理解がまだ50％にも達していないように思います。せいぜい30％、40％辺りをうろうろしているだけです。

常に「稲盛さんやったらどう考えるか」と頭を巡らせています。新型コロナの問題、稲盛さんならどう対処するだろう、など。

また、稲盛哲学を社員に伝えたいという思いが常にあり、毎週、会社の朝礼で話していますが、今では稲田の哲学に練り上げられてきているように思います。若い時は、自分にあまり自信がありませんから、稲盛哲学を聞いて右から左へ伝えるだけで精一杯でした。私自身の経験が積み重ねられていくことで、当然ながら、そこに自分の哲学が織り込まれていくように思います。

●「過度の不安を拭い去る術《すべ》」を覚える

古くからいる社員に言わせると、稲盛塾長と出会ってからのこの35年で私も随分と変わったようです。

それは経営者としての不安が消えたことが大きいのだろうと思います。稲盛哲学の真髄、「人事を尽くして天命を待つ」、それが体に染み込んできました。過度な不安は持つ必要はない。不安を持つのは努力していないか、行いが正しくないから。人事を尽くしていれば必ず道は開ける。それ以上のことは、考えたところでどうしようもない、そう思えるようになりました。

もちろん、ふっと不安が湧いてくるのは、人間だから避けられませんが、打ち消す方法が身に付きました。

もう一つ、稲盛塾長がよく話されていることがあります。

「大きな会社が必ずしも良い会社だとは言えない。中小企業にも大事な役割がある。また、従業員が10人でもその家族に対して、社会に対して責任がある。健全な会社で正しい運営、それを実践する会社こそが素晴らしいのだ」

このことを私も肝に銘じて、日々、経営に当たっています。

ただ、こうした質の高い会社を作り上げることは、金もうけに走るよりも難しいことなのです。それだけに、やりがいも大きいのですけれどね。

「お前、大概にせい」

竹中　勇　㈱タケナカコーポレーション　代表取締役

盛和塾佐賀の代表世話人を務めた竹中勇氏。2012年の福岡での塾長例会では、塾長のお話しの中に度々出てくる、思い出の車〝スバル360〟を用意して福岡市内をドライブしたり、2018年にはテーブルに置ける稲盛氏のブロンズ像の制作を企画したりと、稲盛氏とのエピソードには事欠かない竹中氏。長年にわたるご指導の中で、どのような叱咤激励があったのかを語ってもらった。

●厳しさと優しさを併せ持つ塾長の魅力

ずっと盛和塾佐賀の代表世話人を務めてきましたし、運よく例会後の親睦会や忘年会などでも塾長の近くの席に座る機会が多く、思い出もたくさんあります。ただ、最初に怒鳴られた時は、私もまだ若かったこともあり「なんで?」と腑に落ちませんでした。

1993年、盛和塾佐賀の開塾式の時のことです。嬉野温泉で開催されたのですが、100名ほどが出席されました。セレモニー、コンパと大いに盛り上がったのですが、そうなると皆さん、もっと塾長と話したくなります。塾長ご自身もお酒が入っていらしたこともあり、「もう一件、別の場所を用意しなさい」と言ってくださったので、急遽《きょ》旅館内の店へ移動したのですが、カラオケの設備がないと分かると塾長が突然、「なんや、カラオケもないのか！」と。私は慌てて館内中を駆けずり回り、30分ほど後に、なんとか移動式のカラオケを汗だくになりながら店に運びました。そして、塾長の肩をポンポンと叩いて「塾長、お待たせしました。カラオケ、やっと用意できました」と告げると、まさかの大声で「うるさいっ！　ばかもん！」と怒られたのです。

竹中氏（左）と稲盛氏（右）

私にしたら、喜んでもらえると思っていたのに、まさかの「うるさい」です。「えっ？　なんで？　なんで？」と面食らいました。なんで俺が怒られないかんのか、あなたが用意しろと言うから汗だくで探したのに、と釈然としない。

でも、冷静に周りの様子を観察すると、塾長はほかの参加者からの経営に関する質問に全力でお答えになっている最中だったんです。ご存じの通り、塾長は集中される方ですから、その時は質問に答えることに全集中だったのに、私の一言で集中が切れてしまった。だから「うるさい！」だったのだと気が付きました。その塾長の姿を見て、改めて集中することの大切さを教わりました。

相談されていた方にも本当に申し訳ないことをしたと反省していると、話が一段落したのか塾長が私のほうを見てニコッと笑い、「おっ、そろったか？　よし、歌おう！」と何事もなかったかのように仰るわけです。そして、塾長のお好きな『カスバの女』と『星の流れに』を歌われました。その時の写真も手元にありますが、優しい笑顔で、私と肩を組んで一緒に歌っています。この鬼のような顔と菩薩《ぼさつ》のような優しい顔を一度に目にする、貴重な経験ではありました。この落差が、人を魅了するのでしょう。

●ライバルへのリスペクト

似たような思い出はほかにもあります。２００５年頃でしょうか、ソフトバンクが携帯電話事業に進出した時期の出来事です。当時、塾生に電話をかけると「ビビビッ」と同じ呼び出し音がやたらと鳴るようになりました。ソフトバンクの携帯電話の呼び出し音です。みんな口では「塾長のためだったら」とか言う割に、携帯電話はＫＤＤＩではなくソフトバンクを使うのかと、私はムッとしていました。

ある塾長例会で、私はつい塾長に「最近、塾生の携帯電話に連絡すると、みんなビビビッて鳴るんですよ。みんな、盛和塾の塾生でありながらソフトバンク使ってるんですよ！」と文句を言ったところ、塾長に「何を言ってるんだ！　代表世話人をしているお前が、そんなことを言うもんやない。ええやないか、ソフトバンクでも。孫君も必死なんだよ」と怒られました。この時も私は一瞬凍り付きました。そして、「孫君も必死なんだよ」という言葉に、塾長はお互い戦っている人間、ライバルをリスペクトする、尊重する方なのだと知ったのです。

同じようなことが、塾長が日本航空（ＪＡＬ）の会長をなさっている時にもありました。当時、佐賀空港には日本の航空会社は全日本空輸（ＡＮＡ）しか飛んでいませんでした。塾長が佐賀にお越しだった時、翌朝急に佐賀を離れなくてはならなくなりました。空港へ向かう車の中で私が「塾長、大変申し訳ないのですが、ＡＮＡ便しかなくて……」と伝えますと、「ええやないか」と全く意に介しません。もともと、塾長はＡＮＡの大ファンでした。しかし、日本には二大航空会社がなくてはいけないとの思いから、ＪＡＬ再生のために会長を引き受けられたのです。

最初にＪＡＬへ出社した時、「本当は会長なんて嫌やった。ＪＡＬは大嫌いやったけど、これからは使うわ。しょうがないからな」なんて挨拶されたそうですが、そうやって社員を発奮させるんですよ。３年後、会社を去るときには、お別れ会で社員の皆さんが泣いている映像を見ました。塾長は温かさと怖さ、厳しさの両極端を併せ持つ方なんですよ。

●60過ぎて言われた一言で覚醒

私自身にとっての大きな転機は、２０１３年の塾長のある一言でした。２００１年に塾長が佐賀にいらした時、私は新車のベンツのシートのヘッド裏に「至誠」とサインをいただきました。２００６年にお越しになった時はレクサスに乗り換えて、またサインをいただきました。こうして塾長が佐賀に来られるタイミングで新車を買って、塾長をお乗せしてサインをいただくのが自分の中で恒例になっていたので、２０１３年にいらした際も、新しいレクサスにお乗りいただき、「サインをお願いします」とお願いしました。すると、「お前な、大概にせい」と一喝されてしまいました。

この瞬間はしつこ過ぎて怒られたくらいに思っていたのですが、改めて考えてみると、塾長はもっと深い意味で私に「大概にせい」と仰ったんだと気が付きました。

私はもともと矢沢永吉さんが好きで、まさに「成り上がり」たい、成功者イコール金持ちだと思っていました。だ

企業データ

企業名●㈱タケナカコーポレーション
創業●1991年1月
所在地●佐賀県佐賀市愛敬町12-15-102号
従業員●4名
事業内容●企業変革／自己変革ソフトの販売、人事コンサルティング、CI企画

から、いい車に乗り、いいもん食べて、いい生活することが成功だと信じていました。でも、塾長と出会うことで、そんなことはほんの一部で、人から喜ばれて、人としてどうあるかが大前提だと、「利他」の精神の大切さを学びました。本当にその通りだと思っていましたし、自分なりに理解はしていたのですが、まだまだ本物ではなかったのです。そもそも物へのこだわりが強かっただけに、染みついていたのでしょうね。それを塾長は「大概にせい」の一言で諭してくださいました。

　あの矢沢永吉さんだって「金に振り回された人生でもあったが、今の俺はそうじゃない。金が全てじゃない」って言われているし、スーパーボランティアの尾畠春夫さんや、ジャパンハートを設立された吉岡秀人医師、アフガニスタンで人道支援に携わり銃弾に倒れた中村哲医師など、まさに「利他」の人ですよね。心が美しい。中でも私にとって「利他」を体現している人と言えば、なんと言っても塾長です。

思い出の車“スバル360”に乗って
竹中氏（右）と稲盛氏（左）

　私は現在68歳で、まだまだ至らないところもありますが、心の価値観がガラッと変わったのは、塾長から「大概にせい」と言われた２０１３年、60歳の時でした。ずっとそばで過ごしてきたのに、改めて見回してみると見過ごしてきたことがたくさんありました。例えば、身に着けるもの。盛和塾のツアーなどでも何度もご一緒しましたが、スーツ以外のカーディガンや帽子、あるいは時計などは、同じものを大切にずっと使われていました。そんなところにも、生き様が表れていることに、改めて気付くようになると、自分の生き様も目に見えて変わってきました。

●コロナ禍の今こそ塾長の教えを広めたい

塾長はいつも、「自分のことしか考えていない人はダメになる、一時的な成功はできても短命で終わる」と仰っていました。また、数年前のテレビのインタビューで「自分のことだけを思わず、もっと相手を思いやりなさい。そうしないと地球が終わるよ」と語られていました。今まさに、コロナ禍の中で考えていかなければならない教えではないでしょうか。

このような状況で盛和塾を続けていたらどうなっていたでしょうか。塾長が2019年末で盛和塾を解散するとスパッとお決めになって、明けた2020年に世界中が一変しました。もしも解散していなかったら、きっと私たち塾生は右往左往していたでしょう。この状況を予測されていたのか……。改めて稲盛和夫という方は偉大であると実感しています。

しかし、盛和塾を解散し、今後どうしたらいいか京都の本部に尋ねたところ、「あなた方でやるしかないですよ」と言われて、私たちも「よしっ！　これからは我々が塾長の考え方を伝えていくのだ」と気合が入った途端の新型コロナですから、最初は戸惑いましたけどね。

今は、塾長の映像なども利用しながら、塾長の教え、考え方、「塾長の言われることを実践し、血肉化すれば必ず幸せな人生を送ることができる」と伝えていくのが、私たちの使命だという気持ちでやっています。実際、無知で無学だった私が塾長と出会い、多くの気付きをいただきました。時間はかかりましたが、今、とても幸せですから。私がよい見本です。

私は自分の人生の賞味期限は80歳と決めています。まだ十数年ありますから、ここからさらに塾長の教えを少しでも血肉化できるよう頑張ります。

●「誰や、山田さんの饅頭《まんじゅう》を取ったのは！」

山田　百合子（株）ワイッー／ワイワイカンパニー（株）代表取締役）

稲盛塾長の自称「追っかけナンバー1」として、その姿を映像で撮り続けてきた山田氏。初めてその言葉を聞き、言動を知る中で、この姿を映像として残したい、と塾長に直訴。それ以来、自らの「使命」として塾長の行く先々を追いかけ続けた。山田氏は、医者から「一生寝たきりになるかもしれない」と告げられる大病に見舞われながらも諦めずに治療を続け、現在も精力的に仕事を続ける。カメラを通して写された塾長の姿は、元塾生だけのためにあるのではなく「世界の人にとっての財産」と言う。

●塾長の言葉に涙止まらず

入塾して初めて塾長のお話を聞いたときに、涙がポロポロ流れました。なぜこんなに、と思うほど感動したのです。同席していた他の塾生にも同じ経験をされた方がいて「大丈夫だよ、恥ずかしがらなくていいよ」と言ってくださいました。稲盛さんのお話はすごく分かりやすく、日頃ご自身の思っていることをお話しされます。すごく偉い方ですが、とても日常的なことからお話をされる。怖いというイメージはありませんでした。

私は、Ｆ１やルマン24時間など、モータースポーツの映像制作を得意とする会社を経営しています。日本では一番の実績があると自負しています。自ら独立したとき、フジテレビがＦ１のテレビ放送を始めた時期と重なり、日本人レーサーの中嶋悟さんなどを撮っていました。ヨーロッパにカメラマンやスタッフを置き、バイクの世界のグランプリ（ＧＰ）などの撮影も行っていました。当時は女性、それも東洋人でそのような仕事をしている人はほとんどいませんでした。ただ、私自身はモータースポーツどころか車、バイクに関する知識はほぼゼロでした。国内のテレビ局やスポンサー企業の依頼で、企画から取材、撮影、制作までを行い、１週間で納品という非常に短期の仕事もやりました。

その仕事を続けている一方で、別のこともしていかなくてはならないと考え、医療に特化したＣＳ（通信衛星）放送チャンネルを作ろうと思いました。私の父がその分野の神様と言われるお医者さまに助けてもらったことも影響しているのかもしれません。私たちのような独立系プロダクションでもできないことはなかったのですが、資金援助をしてくださる人はいないかと探していたところ、稲盛塾長の京セラが人工骨を作っていることを知りました。医療関連でも事業を展開されている稲盛塾長にご相談をしようと、まずは盛和塾に入りました。

●塾長の映像を残すことを使命と心得る

しかし入塾してみて、当初の思いは変わりました。盛和塾の勉強会に参加させていただき、稲盛塾長ご自身の姿を映像として残しておきたいと思ったのです。1998年、北海道ツアーの前に当時の福井誠事務局長にご相談して、移動するバスで塾長の隣に座らせていただきました。塾長に「これからは心の時代です。バブルがはじけて皆どうしていいか分からない。この答えが盛和塾にあると思います。だから塾長の映像を撮らせていただきたいのです」と私が恐る恐る言ったことに対して、塾長は「塾生からこんなことを言ってくれる人が出てきてうれしい」とお返事を頂きました。塾長はマイクを使って車内の塾生にも伝え、大きな拍手がわきました。さらに、目的地に到着後、勉強会の冒頭で、他のバスで聞いていなかった塾生のためにもう一度発表されました。

山田氏（左）と稲盛氏（右）

こちらが恐縮してしまうほどでしたが、その時、もしかしたら塾長の映像を残すために、映像プロデューサーとして仕事をしてきたのではないか、これは使命なのではないかと素直に思いました。それから、自称「追っかけナンバー1」となるべく、ブラジルや中国の盛和塾をはじめ塾長の行くところ、ありとあらゆる場所まで追いかけていきました。スタッフにも「これは、世の中のために大切な映像なので、心を込めて撮影に当たってください」と事あるごとに伝えてきました。

当時の撮影機材は現在ほどコンパクトではなく、アルミのボックスで7～8箱と相当な荷物でした。スタッフも私以外にカメラマン、照明、音声担当者と複数で動かなければいけません。そのための経費もばかになりません。ある時、空港で塾長が隣に来られて一言、「この荷物の超過料金だけでも大変やなあ」と声を掛けてくださいました。ああ塾長は分かってくださるのだなと、この一言で救われた気がしました。

●食事マナーで一喝、経営者の振る舞い方を学ぶ

塾長の教えで一番思い出深いのが、99年の台湾ツアーの時のことです。中華料理の丸テーブルに塾長と同席させていただきました。一度席を外してテーブルへ戻ってみると、人数分用意してあったはずの私のお饅頭がありませんでした。それに気付いた塾長は「誰や、山田さんの饅頭を取ったのは！」と怒りました。そして「テーブルで食事する時のマナーとして、経営者

たるもの、出てきた食事の量を見て、人数を考えて自分はどれだけの量を取らないといけないかが分からなければ、良い経営者にはなれない」と。

食事のマナーについて大人が小さい子どもに言うのなら分かりますが、大人になるとなかなかそういうことも言えなくなります。たかがお饅頭一つ、と思うかもしれませんが、そこに経営者としての振る舞いや、有意注意で正しい判断ができるかなどの資質を見ておられたのです。私自身、塾生とお食事する機会もありますが、最初に浮かぶのはその言葉です。稲盛塾長が経営について残されている箴言《しんげん》はたくさんありますが、私にとってそれが稲盛さんの生きた教えなのです。

ある時期、1年間ほど諸事情でレースの撮影ができない時期がありましたが、ピンチはチャンスと軽く捉えていました。私自身、日頃からすごく調子の良い時は、逆に何か悪いことが起こるだろうと思っています。言い方がおかしいかもしれませんが、悪いことが起きたら逆にうれしくなります。次に良いことが起こるだろうと、なぜかそう思っています。だからあまり落ち込んだことはありま

企業データ

企業名●㈱ワイツー
所在地●東京都港区南青山6－4－5 プチ南青山
設立●1987年4月20日
従業員●12名
事業内容●CF・PV・番組の企画・撮影・制作。Web、グラフィック、イベント、PR他

せん。
私の病気についてもそうです。多い時は年に10回は海外へ取材に行っていましたが、ある時脊髄に菌が入るという大きな病気をしました。お医者さまから「一生寝たきりになるだろう」と言われ、緊急入院になりました。そのことを聞いた塾長は、すぐにお見舞いにきてくださいました。

●大病に見舞われるも「恩返し」を決意

ステロイド注射を打っていた影響でふっくらしていた私の顔をみた塾長は「なんや元気やないか」と声を掛けられました。私も「そうなんですよ、一緒に写真を撮りましょう」と言えるくらい元気があったのですが、実は後で分かったのは、病状がかなり思わしくなく一生寝たきりと診断されていました。

ただ、その病状について知った後も、愕然《がくぜん》とすることはありませんでした。私自身、それまですごくラッキーな人生を送ってきました。ブラジルの英雄アイルトン・セナをはじめ、日本の野球で言えば「王・長嶋」のようなトップレーサーたちと仕事ができました。「これまでラッキーが続いてきたわけだし、これで帳尻が合うんだな」と「ええかっこしい」ではなく本当にそう思っていました。お医者さまからは一生寝たきりと言われましたが、絶対にもう一度歩

「夢のかけ橋プロジェクト」のメンバーと共に
山田氏（右端）と稲盛氏（左端）

くんだ、今度は私が社会に何か恩返しをしなければならない、と思っていたのです。

その一つが、子供たちの未来を応援する「夢のかけ橋プロジェクト」です。親交のあったアイルトン・セナはレース中の事故が原因で亡くなりました。諸事情で放送できなかったのですが、彼を撮った映像がたくさんありましたので、追悼番組を企画しました。アイルトン・セナ財団の方々が日本にいらっしゃった際に、映像の一部をお見せしたところ、「日本にこんな宝物があるなんて思わなかった」と感激されました。セナは母国ブラジルの貧困な子供たちを見て、「生まれてくる全ての子供にチャンスがある」という思いを持っていました。セナのために何かをしたいと、彼の没後10年に当たる2004年にプロジェクトを立ち上げました。

当時、稲盛塾長が書籍『君の思いは必ず実現する―二十一世紀の子供たちへ』（財界研究所、2004年刊行）を出されたばかりでした。セナの思いとも通じるこの本を、子供たちに是非読んでほしいと考え、読書感想文を募りました。優秀な作品を書いた子どもたちには、ブラジルで10日間のホームステイをしてもらう体験ツアーを行いました。

実は、募集当初は読書感想文があまり集まりませんでした。私は入院しており、テレビやラジオで告知をできないか電話で頼んだところ、告知を自分でやってくれるならとの話だったので、病院を抜け出して出演したり、教育委員会や図書館、青年会議所にお願いし、最終的に555作品が集まりました。その審査発表を兼ねた2005年のイベントには、非常に多忙な塾長、そして鹿児島県の伊藤祐一郎知事（当時）も出席されました。

その時に稲盛塾長のこれまでの生き方をまとめた紙芝居を、塾生の一人、濵田酒造の濵田雄一郎さんに熱演していただきました。会社のみんなで作った紙芝居を塾長は大変気に入りまして、「孫のためにこれをくれんか」と言われたので喜んでプレゼントしました。2013年の10周年のイベントは東京で行いました。県の催事にも忙しく参加できなかった稲盛塾長でしたが、私が主催するチャリティイベント「夢のかけ橋プロジェクト」に2回も参加していただき、本当に感謝しています。

●言動に表れる塾長の生きざま

稲盛塾長と出会ってから20年以上になります。私自身は、一度も怒られたことはなかったのですが、振り返ると、塾長は本当にエネルギッシュで、フィロソフィを真剣に学ぼうとされている塾生には叱責される場面もよくありましたし、ほころんだ顔もよく見ました。

塾長は、ツアーの最中バスから降りて駄菓子屋に寄り、買ったものをバスの中で塾生に配ったり、海外に行くとその土地の市場にもよく行かれました。一個一個商品を手に取ってはお店の人に「これいくらや？」と聞いたりもします。どうしてそのようなことをするのかと問いますと、市場に行くとその土地の生活レベルが分かるからだと仰っていました。塾長の言霊はあらゆる行動に生きざまとして表れています。そのような姿を追いかけないわけにはいかないでしょう。七転八倒、体中痛くて本当に地獄の日々を過ごした時期もありましたが、「早く元気になって、もっと塾長の映像を撮らないといけない、私でなければ撮れない」との思いがありました。

稲盛塾長を撮影した映像は１０００時間以上に及びます。まだまだ、編集作業などに時間もお金もかかると思いますが、稲盛塾長は撮っておくべき人、残しておくべき人です。私が一番好きな稲盛塾長の言葉にある「新しき計画の成就は只不撓不屈《ふとうふくつ》の一心にあり。さらばひたむきに只想え。気高く強く一筋に」という生き方を貫いています。

私自身、経営者としても人間としてもまだまだ未熟ですが、ネバーギブアップの精神で、塾長のその人となりを残せたことは誇りに思っています。世界の人たちにとっての財産、稲盛塾長、稲盛和夫さんですから。

叱られながら追い続けた背中

渡部　隆夫（元ワタベウェディング㈱会長・㈱寿光　代表取締役会長）

「会社に戻って仕事しろ！」

「自分の会社の経営は自分で考えろ！」

稲盛氏に出会ったその日に怒号2連発を受けた渡部氏は、強烈な出会いの影響もあり、それまでの生活を本気で見直した。社長を務めた30年はせめて仕事量だけでも稲盛氏に追いつきたいと、背中を見ながら経営を学ぶ日々だった。

●「会社に戻って仕事しろ！」が第一声

20歳で母親が創業した貸衣装店に入社した私は24歳で青年会議所（以下、ＪＣ）に入り、オムロンの社長だった立石義雄さんのかばん持ちなどをしながら、経営について一から学びました。しかし、その後の当時京セラ社長だった稲盛和夫さんとの出会いが強烈過ぎました。

１９７８年、私が37歳の時、京都ＪＣの勉強会の講師として、当時多数の雑誌で取り上げられ、注目を集めていた塾長をお招きしました。夕方６時、登壇した塾長は開口一番、

「若い君たちがなんだ！　午後6時に会社を抜け出して勉強会とは何事だ。わしは会社を出るのがいつも夜10時半か11時で、それまでずっと仕事しているぞ。6時に会社を出たことなどない。君たちもそんな暇があるなら会社に戻って早く仕事しろ！　帰れ！」

と一喝。塾長自身も、「これが講演の代わりだ」と仰って帰ろうとするので、企画した責任者としては大慌てです。何とか思いとどまってもらおうと、明日から真剣に仕事しますので、今日のところは何とか講演をとお願いして、何とか続けてもらいました。

盛和塾会報誌の「フィロソフィ座談会」にて
渡辺氏（左から2人目）と稲盛氏（左端）

講演終了後、帰宅し、塾長から雷を落とされた話を妻にすると、妻は慰めてくれるどころか、「稲盛さんの仰ることが正しい。私も一度、きちんと言おうと思っていました。わけの分からない天下国家の話で毎晩遅くまで飲み倒していないで、心を入れ替えて真剣に仕事をしないと会社が大変なことになりますよ」と、予想外に妻にまで叱られてしまいました。

ちょうど社長就任の話が出ていたこともあり、妻もどこかでビシッとお灸を据えようと思っていたのでしょう。塾長に叱られた話はあっという間に会社中に知られることとなり、これは本気で考えなくては、と生活を見直すことにしました。

まず、ＪＣの活動は社長就任もあったのでお休みさせてもらいました。さらに生活を朝型に変え、仕事の時間を増やすようにしました。質はどうしようもないですが、せめて仕事量だけは塾長に追いつきたいと３６５日働くことを誓ったのです。

●アメーバ経営を学び実践、年率15％成長を継続し事業拡大

実は塾長と出会った勉強会の席で、私はもう一つ失敗をして、大目玉を食らっています。講演後に、いきなり「アメーバ経営を教えてください」と手を挙げて質問したところ、一言、「自分で考えろ。自分の会社の経営は自分で考えろ！」

と叱られました。私としてはご著書も読み、それなりに勉強したつもりでした。京セラではできるかもしれないが、自社に置き換えると会社中が伝票の山になってしまう。本当にできるのかと思っていましたから、何かコツがあれば教えてほしいと思ったのです。

しかし、よく考えてみたら、夕方6時に会社を出て夜遅くまで飲み歩いているような、いい加減な仕事をしている経営者にコツを教えたところでうまく行くわけがありません。きっと塾長もそう見抜いていたのでしょう。

その後、１９８３年に塾長を囲む「盛友塾」を京都で作り、89年に「盛和塾」に名称変更し

ました。ずっと塾長のそばで経営に取り組む姿勢や哲学を学び続け、大阪や神戸、滋賀にも盛和塾ができ、全国展開が始まった頃のことです。

「アメーバ経営を教えてやろうか。やりたい人がいたら申し出なさい」と塾長が言ってくれたのです。「自分で考えろ」と言われてから10年ほど経っていました。

アメーバ経営を専門に指導する京セラの関連会社京セラコミュニケーションシステム（ＫＣＣＳ）が設立されて、最初の指導先が私の会社でした。ただ、社内は反対一色。そもそもアメーバ経営は京セラのような製造業だから成功する経営手法であって、サービス業のワタベウェディングには向かないというのです。しかし、私はサービス業にこそアメーバ経営が必要だと考えていましたので、ＫＣＣＳに指導をお願いしました。当然、それなりの費用がかかりましたが、しっかり半年かけて教えてもらい、その後も1年半か2年ほどはつかず離れずで教えを請いました。

ブライダルの仕事というのは繁閑の差が激しくて、春秋は目が回るほど忙しいのですが、夏冬、特に真夏と年末年始はほとんど需要がありません。また、1週間で見ても、週末は忙しいですが、皆さんが働いている平日は暇になります。1日の中でも朝は暇で昼から夕方が忙しい。でも、暇だからといって給料を減らすことはできません。

同業者は皆、暇な時でも経費を垂れ流し、忙しい時だけ稼ごうという経営体質でしたが、私はそれでは「売上を最大に、経費を最小に」という塾長の教えを達成できないと悩んでいました。経営者として繁閑の差が大きいことは分かるのですが、解決策は思いつかない。でも、現場の社員なら勤務体系とか、時間のある時にやっておくべき準備の仕事とか、後始末の仕事などはよく分かっています。そこで、どうしたら自分たちの店を無駄な経費を使わずに売上を上げ、成長させることができるのか、現場に考えてもらうことにしました。自分たちで考えて、自分たちで実行する、これが大事です。

当社を定年退職した元従業員に会うと、「昔は厳しかった。しかし、仕事は本当によく教えてもらった」と感謝されます。実際、弊社を退職して起業した人もたくさんいます。店長は一経営者として育ててきました。随分叱りましたが、退職して10年以上経っても私を慕ってくれるのはうれしいものです。

経営者にとって自社の盛衰を景気に左右されること、景気のせいにすることは最も悪いことだと塾長に教えていただきましたので、私は社長に就任した37歳の時から年率15％成長を会社の基本方針としていました。経営はヒト、モノ、カネのコントロールが一番大事なのですが、中小企業の場合、これらを安定的に回して成長していかなくてはなりません。そのために低過ぎず高過ぎない年率15％成長を念頭に置いて、経営戦略を練り、実現していきました。年率15％成長とした理由は5年で倍となるからです。ヒトモノカネも5年で倍と見込んでおけば計画立案が容易になるからです。

それが実現できたのは、アメーバ経営を導入したからです。１９９５年、96年ごろにアメーバ経営を導入してから、年商が10億、20億、30億、さらには100億、200億になっても同じように順調に成長していくことができました。

とはいえ、安定的に年率15％を目指すと決めたときは、本当にそれでいいのかという心配もありました。そこで、盛和塾で塾長に「経営目標はどのくらいに設定すればいいのか。あまり高過ぎても社員のやる気が上がらないし、低過ぎても業績が伸びない。どのくらいのところを目標にして経営していけばいいのでしょうか？」とお聞きしました。すると、思わぬ回答が返ってきました。

「そのような悩みを持っていること、そのことが立派なことや。会社によって業界の環境も商品も内容も歴史も違うのだから、一律に何％成長が妥当な線やとはこの場で言えない。しかし、そのことを真剣に考え、悩んでいるあなたの態度が非常に立派だ。自分の会社の状況を良く分析して、実現可能な最大値を選べばよい」

長い塾長との付き合いの中でも、正面から褒めていただいた記憶は少ないので、この時のことはよく覚えています。この時の塾長の言葉が自分の中にストンと落ち、目の前の霧が晴れて物事がハッキリ見えるようになり、おかげで確信をもって年率15％成長を目標に経営を続けてこられました。

●社長辞任の相談の際、言い忘れた一言

２００8年に社長業を息子に譲る際にも、塾長には大変お世話になりました。30年社長を務めた67歳の時、他の塾生も一緒の酒宴の席で、「ぼちぼち辞めようかと思う」と話したところ、「こんなところで相談するな」と叱られまして、後日改めて塾長から連絡を頂き、京セラ本社の名誉会長室へ伺いました。その席で、優秀な社員も育ってきたし、会社の活性化を考えると、同じ人間が長い間トップの座にいては組織が停滞してしまうと思うので、社長を辞したいと伝えました。塾長からは

「そやな。でも、本当にそれでいいのか？」

と再度確認されたので、

「30年は節目ですし、幸い大きな事故や経営上の問題もないですし、このタイミングが良いかと思います」

と伝えました。

ただ、この時、私は非常に大事なことを塾長に伝えていなかったのです。税理士からの勧めもあり、相続税対策で株を生前贈与の形で長男に少しずつ譲っており、この段階で彼が75％、私が25％ぐらいの比率になっていました。持ち株会社の株の75％を長男が持つということは、何かあった時には彼が経営責任者として全ての責任を持つということです。そんな状況になっ

ていることを、私は塾長に伝えることができず、結局このことが、その後のゴタゴタへとつながってしまいました。

私から話を聞いた塾長は、その後、役員全員とその配偶者を会社に集めて仰いました。

「この度、現社長の渡部隆夫君から社長辞任の意向を聞きました。30年もやってきたのだから、私もいいのではと承認しました。ただし、辞めるに当たっては馬車が二頭立てになり、誰がリーダーか分からない経営体質になってはいけない。ですから、次の株主総会を限りに渡部隆夫君は社長を辞任し、経営には口出ししないよう、皆さん、しっかり見張ってください」

以来、私は会社の敷居を一度もまたいでいません。当然、経営にも一切口を出しておりません。残念ながら、その後長男はアメーバ経営を手放し、私の退任時に550億円あった年商は翌年には450億円にまで下がってしまい、新型コロナウイルスの影響も大きかったでしょうが、2021年、ついに私的整理をするに至りました。事業がうまく行かなくなった一番大きな要因は、私の事業継承の失敗でした。あの時、塾長に全てをお話ししていたらと、本当に悔やまれます。

●男心に男が惚《ほ》れて男泣きする会社

福井　誠（元盛和塾顧問）

「京セラの強みとは何だろうか」

この問いに答えを出すとき、多くの人は「フィロソフィ」と、「アメーバ経営」の二つがあったから、と評価をするだろう。元盛和塾顧問の福井誠氏は、さらにもう二つの要素を挙げている。一つは、「稲盛和夫」という類いまれなる経営者がいたこと、そしてもう一つは「屈強な労使関係」を持った労働組合があったことだ。この二つ、共に「人」という共通点を持つが、福井氏は人なくして京セラを論ずることはできないと言う。

●京セラの利益

京セラにはアメーバ経営という、独自の経営手法があります。アメーバは10名ほどを1単位として動き、小規模の経営を行いつつしっかりと利益を出しています。全員がテーマを持ってそのアメーバに参加することで誰一人として遊び人をつくらず、全員参加の経営をし、自分が主役になるように振る舞うのです。

では、そこで作り出す利益とは何でしょうか。我々はそれを、従業員の営々代々にわたる「幸せの源泉である収益」だと考えます。成長し続ける企業を目指す私たちにとって、それはつまり利益による従業員の扶養こそが私たちの幸せの道理、とも言えます。

福井氏（右）と稲盛氏（左）

絵空事のような観念論として経営が行われるのではなく、下部末端までが数字をもって説明され、数字こそが我々の実績であり、我々の努力の痕跡を明々白々と証明するものになる。だから職場の中で話をすることは、全て数字をもって語る。それが私たちの、幸せの源泉を生み出していくための生産活動なのだ、という認識が社員の中にあるからこそ、みなが幸せになるため、懸命に努力するのです。

●仲間のために尽くす

利益を生み出すことは、私たちの幸せの源泉を生み出していくための生産活動です。ただ、いつでも利益を生み出せるか、といえばそうではありません。チームが立てた目標を達成できるときもあれば、もちろんそうでないときもあります。

例えば、チーム1とチーム2は実績をクリアしたけれども、チーム3はクリアできなかったとしましょう。このとき、クリアできなかったチーム3は不幸になるわけではありません。なぜならこの時、クリアできなかったチームの分をカバーしようと、チーム1と2が頑張るからです。頑張ったところで特に給与が上がるわけでも、賞与が出るわけでもありません。ただ、クリアしたチームには「1日だけ、工場内を闊歩《かつぽ》できる」という名誉が与えられます。

工場内を闊歩しているときに、クリアできなかったチームは思うでしょう。「今月は支えてくれてありがとう。しかしいずれきっと、この恩は返す。皆さんのビジネスがライフサイクルを終えた時、私たちが成功し、皆さんの落ち込んだ分を必ず支える」と。これが、第2の京セラの強み、フィロソフィ（経営哲学）の中の「仲間のために尽くす」ということです。

「駕籠《かご》に乗る人、担ぐ人、そのまたワラジを作る人」と言いますが、いろいろな役割を満たすことが仲間に対する尽くし方であり、その結果として利益が出て、私たちは幸せになっていくのです。

●トップの生きざまを感じる

京セラの強みはアメーバ経営とフィロソフィ、そして経営者と労働組合です。まずは経営者について、私から見た稲盛和夫氏を語りましょう。

身を粉にして、社員が幸せになることを、これほど一途一心に考えている男はいません。自己犠牲に立って24時間365日、会社が隆々と生きる息吹を与えるために、片時もわれに返る瞬間さえもない。そういう厳しく過酷なレースの中に自らを置いている。これが、私の見た稲盛和夫氏です。

その昔、天香具山《あまのかぐやま》に登った天皇が国見をなさり、かまどから煙が立ち上るのを見て、「ああ、国民は立派に食べているのだ」と知ったといいます。稲盛さんの場合、同じ感性で損益計算書（PL）と貸借対照表（バランスシート、BS）を見ていました。

PLとBSを確認するとき、普通なら売上から経費を引いて、差し引きである利益を見ますが、稲盛さんの場合は逆でした。まず利益ありき、そしてそれに相応する経費や売上は何なのか、と逆に見ていました。

まず従業員の幸せの源泉を見ているのです。そういう本人の挙動を知ったとき、何としても我々の知恵を束ねていきながら、みんなで素晴らしい会社を作ろうではないかと感じました。

そういうふうに感じたとき、初めてトップのありさまが会社にとって大きなウェイトを占めるのだと思います。稲盛さんのそういった姿勢が社員に伝播して、屈強な労使関係につながるのです。

●傷口をなめ合う優しさなどいらない

私が初めて稲盛さんとお会いしたのは、新卒で勤めた会社を辞めよう、と考えていたときでした。その会社で私は労働組合に力を入れていましたが、役員の諸々の対応に嫌気が差していた際に、稲盛さんに会ってみないかとある人に言われました。

面接に行き、確か役員陣が7名いて、その真ん中に稲盛さんがいらっしゃいました。1時間ほどの面接の最後に、私は次のような質問をされました。

「ところで福井さん、あなたの座右の銘は何ですか?」

私は座右の銘など一つも持っておらず、そんなことを聞いてくれるなよと思いました。当時の私は京セラにフィロソフィ(経営哲学)があることすら知りませんでした。

「そうですね、悲嘆にくれる毎日を過ごしてきた私です。他人に優しく、己に厳しいことを課してきたような人生でした」

私が仕方なくそう言いましたら、稲盛さんが猛烈に怒り始めたのです。

「だからダメなんです! だからそういう満足できない会社で、労働組合をしていることになるんですよ。自分に厳しいのは結構です。他人に優しいというのが問題なんですよ。あなたの優しさは、傷口をなめ合うだけの優しさに過ぎない。そもそもそういう人生が間違いなんです!」

と怒られました。「コンチクショー、オレがなんでそんなことを言われなければならないのか」。そう思いながら、とぼとぼと帰った覚えがあります。

ところが、最後に稲盛さんがこう仰ったんです。

「あなたは、面白い人ですね。まだ採用することは決めていないけれど、採否を決定する前にもう一度、あなたと議論をしてみたい」

私は正直なところ、いやいや、もうええわと思いました。

しかし気持ちとは裏腹に採用が決定し、私は京セラに入社しました。それからは幾度となく議論をすることになります。

●叱る意味

初対面から叱られていた私にとって、入社してからも叱られるのは日常茶飯事でしたが、怒るにしてもなぜあんなに烈火のごとく怒るのか、と疑問に思ったことがあります。

結論から言ってしまうと、稲盛さんのフィロソフィでは「心をベースに経営をする」ことが説かれていますが、これは優しくするということではなく、むしろ怒るときは烈火のごとく怒る、ということだったのです。

例えば稲盛さんは、よくもあれだけのエネルギーがあるものだと思うくらいに激しく叱りますが、叱った後に優しい言葉をかけることを絶対に忘れません。

　ある時、こんなことを言っていました。

「お前たち幹部よ、オレが怒っているさまを見て、若者に対して同じように怒ろうとしてもムリだ。俺が怒っているのは愛情表現なのだ。愛情をベースに叱るということを、お前たちは見失ってはならない」

「同時に、オレは褒めるとき、ちぎって褒めている。そしてその子がぺしゃんこにならないように、可能性の余韻を残しながら、おまえならできる、お前を頼りにオレは経営する、だから頑張らんかよ、オレは見捨てはしないから、お前と二人三脚でやっていくから。男心に男が惚《ほ》れて、男泣きをする会社を標榜する、いわば浪花節を実現しようとしてきたのだ」

「人前で大きな声で叱っているのは、オレの愛情表現なのだよ。それは、聞いておけよ、これはこの子に起きた問題ではなく、皆さんにおいても起きるかもしれないから、事件が起きたその瞬間、大きな声でこの子を人前で叱っているのだよ」

　稲盛さんは決して、別室に呼び出して静かに叱ったりしませんでした。いつでも直線的に、自身の心を信じて、「オレが一生懸命訴えかけている、それに対して答えを返してくれるはずだ」という思いが、あの激しい怒りにつながっていたのです。

　まさしくこれこそ、「心をベースに経営をする」ということです。ではなぜ、稲盛さんは人の心を大事にするようになったのでしょうか。それには、京セラ創業当初の稲盛さんの思いが関係しています。

京セラ創業の頃、稲盛さんはお金を持っていませんでした。同時に、技術的にもさして高い評価のものはなく、カネもなければ知恵もない、技術もないのに8名で一緒にやろうと声を上げ、創業しました。その時に稲盛さんは、頼れるものは「人の心」だと思ったと言います。

福井氏（左）と稲盛氏（右）

「男女問題でも、あいつが好きだ、惚《ほ》れたと言いつつも、ある日瓦解する。それほどもろいのが人の心だ。しかし、一度信じ、これを最も強いものに切り替えていくのも人の心だ。人の心こそ大事だ。人の心をベースに経営をしていこう」

まさしく、これが京セラの歴史なのです。稲盛和夫が天に指を掲げ、「この指止まれ」と言う。その時に「オレはあんたを信じるよ」と、掲げた人差し指に自分のそれを重ねる。生きるも死ぬも、この親父とともに歩む、と覚悟した人たちの歴史なのです。

稲盛さんは、激しく怒る。でもそれは、心をベースに経営をした結果です。自分の一生を託し、自分の生活をこの世界の中で積み上げていこう、そういった一途一心さ加減が、我々の生き方のさまを決める。この考えがフィロソフィの中にもしっかりとあるわけです。

●志は受け継がれ、自分に生き続ける

フィロソフィでは、「人の心」だけがベースではありません。稲盛さんは社員を皆家族だと思い接していますが、その「家族主義」も大事なフィロソフィになります。それがよく分かるエピソードが、京セラ創立20周年の時にありました。

当時、記念に何かしたいなという話になり、稲盛さんはぽつりとこう言いました。

「社員の墓を作りたいんだ」

突拍子もない言葉に、思わず「何でですか」と聞き返すと、稲盛さんは心のうちを語ってくれました。

「この指止まれとやってきて20年、不肖の子供もたくさんいた。しかし良い連中ばかりだった。ただ、無念の思いであの世に逝《い》った連中は、何の花咲くこともなかった。誰がその思いをくんでやるんだ？　結局、オレたち社員しかいないわな」

話を聞いて、私たちは一も二もなく「やりましょう」と言い、円福寺の境内に大きなお墓を作りました。入れる条件は「定年退職をした者、または社員の資格を持ちながら亡くなった

者」とし、さらに加えて、奥さんと離れ離れになってはかわいそうとの思いから、その配偶者が入ることもできました。

お墓には碑文があり、なぜこのお墓を作ったのか、そのゆえんが書かれています。

「ある日、病に倒れ、事故に遭い、幽冥境を異にした同志に告ぐ。皆さんが会社に抱いた熱い志を後続の我々はしっかりと体し、皆さん方の意志を生かすことをここに誓い合う。願わくば、夜な夜な杯を交わしながら、論壇風発の毎日であってほしい」という趣旨です。

亡くなった皆さんへ、心配せずともあなたたちの夢や志はしっかりと引き継いだから、京セラで日々やっているコンパのように、杯を交わしながら京セラの行く末を案じてほしい。そういうメッセージが込められています。

これもまた、我々のベースにある「家族主義」です。こういった、経営者と従業員との関係を維持していきたい、と思うがゆえに、碑文を立て、社員の墓を作ったのです。

●男が男に惚れ、男泣きする会社

私が皆さんに言いたいことは、企業の成長発展の背後には屈強な労使関係があるということです。屈強な労使関係とは、思いを共有する強さに比例します。

熱い思いを持つ、情けを持つ、かいがいしく対応する。その連続でしか、本当の労使関係は築けません。そのためには、従業員たちの誕生日を覚えてください。昇格の際には奥さんに電話を入れてください。そんな小さな、下世話なことの積み重ねしかないのです。

例えば稲盛さんと一緒に東京へ出張するとき、新幹線の中で今日は牛丼を食べに行こうと言います。背広に金バッチをつけて、ベンツで乗り付けては格好悪いので、上着を脱いで50メートル手前から歩いて行き、稲盛さんは有楽町店のいつもの席に座ります。

「今日は特盛にする」

「何言っているんですか、70歳のじいちゃんが特盛なんて食ったらあきませんで。僕は並でいいですよ」

「そうか、ほなオレも並にする」

「しかし並だけではね、いかがなものかと思いますよ」

「ほな、牛皿を1枚おごるわ。牛皿1枚取ってくれ」

牛皿というのは、お皿の上に牛肉だけがのっているやつです。出てくると、稲盛さんは、割りばしで真ん中に筋を付けました。

「右半分はお前、左半分はオレだ。ええか、牛丼ちゅうものは、肉に絡ませてコメを食うもんや。そうこうするうちに、肉がなくなるやろ。そうしたら牛皿の肉を盛れ。ペロッと一杯、うまく食えるやないか」

この親父、きわめて下世話な、市井の人間の深情けがあるのです。

偉い人です。素晴らしい経営者であり、哲学者です。また教育者でもあり、サイエンティストでもあります。その稲盛さんが、市井の人間が日々の営みの中で感じる喜びを知っている。それが稲盛さんの原点であり、それを演じ切ることが断然大事なのです。

百万言の素晴らしい言葉を並べるよりも、どんなに小さなことでも見逃さない態度と、立居振る舞いをする。それがトップに対する信頼を生んでいくと同時に、男心に男が惚れる、男泣きする会社を作っていくことのゆえんになるわけです。

そう、この人と人とが作り出す信頼こそ、京セラの強みなのです。

（編集部注・福井誠氏は２０１９年2月に逝去されました。心よりお悔み申し上げます。）

●塾長自身が悩んで到達した境地「任せて任せず」

小林 徹（オプテックスグループ㈱ 取締役相談役）

小林徹氏が、7年間のサラリーマン生活後に会社を興した際、個人を尊重する、自由な雰囲気の社風にしたいと考えた。これは小林氏が団塊の世代に属し、70年代に広まった個人主義の確立や個性の尊重という世の中の動きと無縁ではない。

個人が組織に隷属するのではなく、個人が生き生きと活動して場として組織が存在する、いわば「個人の尊重」を目指す会社にしたかった。

31歳で、仲間3人とともに「オプテックス」を設立。電波や音ではなく人の発する熱を感知してセンサーが作動する、そのような赤外線センサーの黎明期に当たっていたため、会社は倍々ゲームで拡大していった。

分野そのものはマイナーであるため、大手企業は参入してこない。いつしか小林氏の会社が、この赤外線センサー分野のトップクラスとなっていた。

組織が大きくなるに従い、当初理念として掲げた「個人の尊重」が全社員に浸透していかなくなり、会社の運営としては岐路に立たされることになる。

●挫折感を胸に会社創業に踏み切る

私の学生時代は学生運動が華やかな頃で、確かに「権威への反抗」みたいな雰囲気はありました。私もまた、その影響は受けていたのでしょう。

ただ、それ以上に、個人的な体験の方が大きかったですね。

私は大学生のとき、ボート部に入っていました。工学部だったため、学業との両立が難しく感じて、2回生のときに退部しました。そのボート部が、私が辞めた翌年、メキシコオリンピックに行くことになりました。もちろん、部員たちが厳しい練習をこなし、大会で優勝して得た出場権ですが、私にとっては大きなショックでした。

もしも退部をしていなかったら、自分もオリンピックに出られたかもしれない。そう考えると、ある種の挫折感にとらわれるようになったのです。

一時は虚無的にもなりましたし、斜に構えて世の中を見るようにもなりました。

そうした精神的な彷徨の末に、唯心的と言いますか、名誉とかお金とか、そうしたものに対して

小林氏

懐疑的になっていったのです。世俗的な栄誉よりは心の充足感を大事にしたい、そのように考えるようになりました。

7年間のサラリーマン生活に終止符を打って、会社を創業するというリスキーな行動に踏み切れたのも、そうした背景があります。荒波に飛び込むことを厭わない、いつしか、そんなしぶとさを持つようになっていました。

仲間と会社を作る際、私がリードしたのは確かですが、全員の意見を尊重するような組織にしたかったのです。

初めは私が社長になりましたが、社会的な責任を果たしたうえで会社の行く末が安心できそうであれば10年ぐらいで退こうと考えていました。人を成長させるためには、自分が退くことも必要と感じていたためです。学生時代に関心を持っていた環境問題やエネルギー問題をさらに突き詰めて、農業でもやろうかと漠然と思っていたのです。

社員の自由度を高めることで、会社そのものもパブリックな存在にして、誰もそこに束縛されないというような、理想主義的な会社運営を目指していたわけです。

ですから、稲盛さんの盛和塾に参加し、いろいろとお話を聞く機会を持つと、塾長のパワーの凄さは感じつつ、数字へのこだわりなどが唯物論的にも思えていました。私も会社の売上や成長に関心がないわけではありません。そこをないがしろにしては、会社の経営などできないということは、よく理解していました。でも、それは第一義的なものではありませんでした。

やはり、唯心論的な立場からの会社運営を理想としていたのです。

実は、そのことこそが、この後に私自身が直面する矛盾でもありました。

●会社の成長によって理想を離れていく

会社を作ったときは店頭公開が何かという知識もありませんでした。とりあえず、商品開発をして会社を成長させていくことだけを考えていたのです。

ところが、予想以上に売上が急激に伸び、5年目には株式の公開を考えられるほどになりました。株式市場で資金が調達できるのであれば、さらに飛躍することも可能です。それで8年目から公開に向けた準備を始めました。

自由な雰囲気の、そして社員の連帯意識を大事にした会社でしたので、社歴と給与とに応じて社員に株式も渡していくようにしました。

そうして上場を果たしてみると、どうも、会社の雰囲気が変化してきたようにも感じられたのです。社員の主体

企業データ

企業名●オプテックスグループ㈱
所在地●滋賀県大津市におの浜4-7-5
設立●1979年
従業員●2171名（連結従業員数）
事業内容●グループの経営戦略策定、経営管理及びそれに付帯する業務。

性や個性に委ねた会社経営が、少しずつトップダウンで指示を与え、方向性を示さなければ動かなくなりつつありました。与えられた仕事をこなすだけの社員も増えていったのです。

当初の理想が変化しているのではないか。そのことに悩んだ末に、私は盛和塾の経営体験発表で稲盛塾長にそのことを尋ねてみました。強いリーダーがトップダウンで指示を出し、会社を導くのがいいのか、それともあくまで社員の個性や主体性を尊重した経営手法がいいのか、あるいはその二つのバランスをとりながら運営していく方法はあるのか、そのようなことを聞いてみたかったのです。

それに対する塾長の講評は、次のようなものでした。

創設した会社を大きく成長させたことは素晴らしいが、社員の「個性重視」だけに留まっていてはいけない。

個性を重視する手法とトップが強い力で導く手法、会社経営にとってはどちらも正しい。この二つの矛盾する考え方を、一人のトップが合わせ持って正常に機能させなければいけない。

塾長自身が悩んできて、到達した境地だと話されていました。そのためには強烈なトップダウンとフィロソフィの共有を訴えつつ、各セクションはそれぞれの社員に任せていく。そのことを「任せて任せず」という言い方をされていました。

また、こうも話されています。店頭公開というのは、創業者にとってはゴールかもしれないが、株を買った人にとってはスタートなのである。

ですから、私が話した「10年で身を引く」ということは一言で切り捨てられました。「とんでもない！」、と。

店頭公開とは、私が、そして私の会社が期待されているわけですから、そのことを全うしなくてはならない。そのことを肝に銘じてほしい。そう叱られたのです。

こうした稲盛塾長の言葉は、すんなりと私の体に入ってきました。

同時に、それからの私のやることが見えてきたような気がしたものです。

●チャレンジして失敗しても前進である

稲盛塾長のお話というのは、私の場合、こちらの事業が軌道に乗っている時に聞くと身が引き締まるように思います。困難にぶち当たって

1996年、盛和塾全国大会にて
小林氏（右）と稲盛氏（左）

いる時はひたすら緊張しているので、いろいろな情報を収集しています。ところが、仕事が上手くいっている時は、気が緩んでいるのです。誰の言葉にも耳を貸さない状態です。そのような時にこそ塾長のお話を聞くと、厳しさを取り戻せる気がします。

会社の上場を果たした後、私は滋賀県でエフエム滋賀を立ち上げ、10年間社長をやりました。これは、会社のためというよりも自分が新たなことにチャレンジしたいという思いがあったからです。

さらに、新聞協会に加盟している地元紙のない唯一の県が滋賀県であることを知ったので、ぜひとも地元紙を作りたいと考え「みんなの滋賀新聞」発刊のために奔走しました。記者も含めた社員60名を全国規模で集め、印刷所や販売店も見つけました。調査に2年かけ、「いける」と踏んで、スタートしたのです。

ところが、さまざまな障害があり、結局は赤字が続いて借金が増え続けていきました。それで1年足らずで廃刊となったのです。

稲盛塾長がよく言われる言葉に、「鹿児島県ではチャレンジして成功した者が1番偉いとされる」というものがあります。

2番目に偉いのはチャレンジして失敗した者、3番目はチャレンジする者をサポートした者、4番目はルーチンワークで仕事をしている者、そういう順番だというのです。そして、あまり偉いとされないのは、つまり5番目は批判ばかりして勝ち馬に乗ろうとする者。「世の社長連中は、全て5番目だ」というのが、この話の落ちになります。

その意味では、私の新聞社創設のチャレンジなどは、失敗しましたが、それなりに意義があったかなとは思っています。

●「利益を上げていない経営者は社会の悪である」でガツン

本《もと》　昌康　㈱ぶどうの木　代表取締役会長

石川県で「ぶどうの木」を経営する本昌康氏。もともとはぶどう園からスタートして、次第にレストランから洋菓子製造・販売などに手を広げていった。

本氏は、元来アイデアを出すのが好きとあって、事業の柱はいくつも作られたのだが、大黒柱となる事業がないため、周囲から「それでは建物が倒れてしまう」という指摘を受けたこともあったという。

ここ数年、やっとカタヌキヤ（最新鋭の機械を導入し、バウムクーヘンをいろいろな形に型抜きする事業を行う）という店舗を出して、これが事業の大黒柱になってきたという。新型コロナウイルスで業績が落ち込む中、カタヌキヤが順調に売上を上げて、やはり大黒柱があればこそ、建物も倒れずにいられるのだと実感したという。

本氏が稲盛和夫塾長に叱られたのは、25年も前のことになる。盛和塾に入って数年後のことで、意気盛んな経営者として、まさにさまざまなアイデアを事業に具体化している時期であった。

2010年8月、ぶどうの木で
本氏（左）と稲盛氏（右）

●初めて聞いた講演で、「稲盛哲学」の信奉者になる

私が盛和塾に入ったのは、1994年のことです。友人の株式会社オハラ（こんにゃく、ゼリー、おかき製造）の小原繁社長に誘われてのことでした。今思うと、だまされて連れていかれたようなものです。

その時は、稲盛塾長の講演の映像が流されて、それを見るだけでした。感想を聞かれ、良いお話でもっと聞きたくなったと伝えましたら、すぐに講演テープのリストが送られてきました。

正直に申しますと、「これは金もうけしようとしているのではないか」と警戒心が起きたものです。

その後、京都で全国大会があり、この時も「どうせ知り合いもいないことだし」と私は乗り気ではなかったのですが、妻が「京都なら行きたい」と言うので、何となく参加することにしました。

会場に入ると、雰囲気がとても明るいのです。プラスのエネルギーが満ちているというか、熱量がすごく大きくて、ちょっと経験したことのない空気でした。それが稲盛さんの講演が始まると、水を打ったように静まり返る。それもまた不思議な感じがしました。

「こりゃ新興宗教みたいやな、気い付けや」

そんなことを妻に話した覚えがあります。

そんな半信半疑の心持ちで稲盛塾長の講演を聞き始めました。

ところが、一時間半ほどの講演を聞いているうちに、すっかり心を奪われてしまいます。講演が終わる頃には、不遜《ふそん》な言い方ですが、「この宗教に入るかもしれんわ」と妻に話していました。

この日、稲盛さんはいろいろなお話をされましたが、覚えているのは主に二つです。

一つは、松下幸之助さんの「ダム式経営」に感銘を受け、「深く思うこと」の大切さを学んだというエピソードです。とても納得してしまいました。

もう一つが、「利益を上げていない経営者は社会の悪である」という言葉でした。利益を上げるということは税金を払うことであり、税金を払うことは社会に貢献していることである。納税できないような経営をしている経営者は、社会にとって悪である。そのような理屈です。

この話もまた、頭をガツンと叩かれたような気になりました。何しろそれまでの私は、経営者として税金はできるだけ少なく払う、できるなら払いたくない、とさえ思っていました。節税することが経営者として真っ当な態度である、と信じていました。

また、「金もうけ」ということについても、もちろん経営者ですからもうけることは楽しくないことはありません。業績が伸びていくことを励みにもしていました。その一方で、あまりもうけるのはいけないのではないか、という気もしていたのです。特に地方の社会では、出る杭は打たれる雰囲気があり、何事もほどほどで収めていくことが良しとされます。

そもそも、私が携わっていた農業というのは、そうそうもうかる仕事ではありません。むしろ赤字のところも多く、それでも農業は大事な仕事だから、と頑張っている人が大勢います。それが「悪」だという発想は、私にはありませんでした。

この話にもまた、納得させられました。

ああ、しっかりと金もうけをしてもいいんだなと、素直に思いました。稲盛塾長の話は、それまで抱えていた私の心の中のわだかまりを外してくださったのです。もうけて税金を納める、そのことが社会にとっての利益でもあ

企業データ

企業名●㈱ぶどうの木
創業●1982年
設立●1985年2月1日
所在地●石川県金沢市岩出町ハ50－1
従業員●306名
事業内容●レストラン、レストランウェディングの運営、洋菓子の製造販売、食品の製造販売、ぶどう園（関連会社）

るし、ひいては従業員のためにもなるのだ、と。

あれほど拒否反応を感じていたことが嘘のように、京都からの帰りの車中にて、妻がポツリと「今度この会に参加するときには恥ずかしくない経営をしていなければいけないね」と言ったのです。妻もまた、すっかり稲盛哲学の信奉者になっていたのです。

●他人のやっていないことを生み出す喜び

もともとは父が経営していたぶどう園を、私が引き継いで経営するようになったのは、大学を出て3年目のことです。

それまでに、父の後継者としてぶどう園で働き始めていたのですが、経営方針について口論となり、「そこまで言うのなら、自分で経営してみろ」と言われて経営権を譲られたのです。

当時の私は、お恥ずかしい話ですが、自分のアイデアに溺れるタイプの経営者でした。今でもそういう傾向はあるのですが、他人のやっていないことをやりたい、「これ、面白いだろう」と提供したい、そんなことばかり考えていたのです。

その時までに、既に何十種類というぶどうの栽培に成功していましたし、当時すでに種なしで皮ごと食べられるぶどうの研究をし、栽培も行っていました。

こうした変わったぶどうというのは、農業協同組合の市場ではまともな値段を付けてもらえません。二束三文になってしまうのです。ところが、直売所に出してマスコミに取り上げてもらったりすると、たとえ「ちょっと高いかな」と思うような値段でも「安いですね」と言われる。ある程度、高くても売れると分かると、ますます変わったぶどうを作りたくなるでしょう。とにかく、それで他にないぶどうを作るのが、楽しくてしようがなくなりました。

飲食業も同様です。当時、北陸三県では一つもなかったスパゲティを作る機械を導入し、生めんのパスタを提供するようにしました。そこに赤い材料を入れれば赤いパスタができますし、イカスミを入れれば黒くなります。

そうしたことを考えるのが好きなのです。

直売所などうまく行かない、と周囲から言われていましたが成功し、さらに、いまさら飲食じゃないだろうと反対されていましたが、結果としてうまく行きました。

そうしたやり方を10年ほど続けてきて、規模は小さいながらも経営者としての自信を持っていたのです。

カステラ金箔貼り体験――2010年8月、盛和塾塾長例会にて
本氏（左から2人目）と稲盛氏（中央）

そうした時期に稲盛塾長の講演を聞いて、ますますやる気を出すことになりました。

●社員への「賞与」は後ろめたさがあるからか？

1997年、盛和塾北陸地区塾長例会で、稲盛塾長に質問をする機会がありました。

私は、入塾から1年後という、かなり早い段階からアメーバ経営を取り入れていて、それなりの成果を出していました。この1997年には2月期に経常利益9・8％を挙げています。ですから、それなりにうまく行っているという自負があったのは確かです。

例会での質問には、実はあまり魅力を感じていませんでした。稲盛塾長の回答も想像できるし、特に聞いてみたいこともありませんでした。ただ、質問者は塾長と同じテーブルに座って食事をすることができるというのです。それはとても魅力的でした。

それで塾長に質問をすることになったのです。

私の質問は「アメーバ経営を導入してから経営が好調です。この辺りで社員に賞与を出そうと思うのですが、どのようにすればいいでしょう」というものでした。

この時、私は塾長から褒められるつもりでおりました。

ところが、塾長の最初の言葉は「あんたの言うこと、分かりませんな」でした。ドキッとしました。

「なぜ賞与を出さないといけないのか」

「社員にはローンを組んで、毎月払い続けている者もいますので……」

「あなたの会社は世間並の給与を払っていないのですか」

会場には経営者の人がいっぱい座っています。壇上では、塾長から私に矢のような言葉が飛んできます。もう、しどろもどろの状態で、頭の中はパニックになっていました。

「あんた、従業員に何か後ろめたいことでもしているのではないですか」

「そんなことはありません」

「それなら、賞与など出す必要はないでしょう」

一言一言が、もっともなご意見です。うなずくしかありません。

稲盛さんは私がまいってしまった姿を見て、会場に顔を向け、こんなことを話されました。

「こういう経営者がよくおられるのです。今まで利益を出したことのない経営者が、利益を出したとたん、悪いことでもした気になって、慌てて賞与を出さないといけないと思う。しかしこの会社には内部留保が無いのです。本来は利益を社内に留めて、次の投資の準備金に当てるべきです。この状態はどういうことかというと、ちょっと大きなお金が入ると、すぐに使ってしまう。貯金を一切していない家庭です。こんな家庭で奥さんは安心できますか。家族を大事にしていると言えるでしょうか。まずは、投資できるだけの資金を貯める。そのために、社員には『今は我慢してくれ』と言える、それが良い経営者です。ただし、ここまで成果が出たのは皆のおかげ、何とか皆に報いてやりたいとの優しい思いやりの心があり、メルクマールが欲しいと仰るのなら、それは税前で利益が10％以上なければなりませんが、あったとしたならば、それは利益の10％を賞与とするとよいでしょう。少な過ぎるとお考えかもしれませんが、あなたが言う30％を出しますと、残り70％に税金がかかり、35％が会社に残ります。社員が30％、会社が35％、つまりほぼイーブンになってしまいます。世間ではこれを大盤振る舞いというのです」

会場は大きな笑いに包まれ、私の頭の中は真っ白になりました。その後、稲盛さんは内部留保の残し方について数字で語ってくださったのですが、私のふわついた頭では聞き取ることができませんでした。

この日、私の会社の社員も講演を聞きに来ており、後で、「社長、大変でしたね」と言われました。ただ、「こういうわけだから賞与は無しになりそうだよ」と言っておきましたけれど（笑）。

稲盛さんは仏の顔と鬼の顔を持っている。その両面を使い分けて、社員の心を掌握しているところがあります。私の場合は、性格的になかなか鬼にはなれない。持って生まれたものも大きく影響しているでしょうから。

ただ、経営の原点十二カ条の最後にある「常に明るく前向きに、夢と希望を抱いて」ということは実践しているつもりです。そして「素直な心で取り組む」ということも、最近やっと分かってきたように感じています。

●自分の体験に根差してこそのフィロソフィ

私自身が、経営者としてのフィロソフィに目覚めたのは、この稲盛塾長からの叱責とその5年後に導入したフィロソフィ手帳によってです。フィロソフィ手帳は私が文章を書いて、京セラコミュニケーションシステム（ＫＣＣＳ社）と当社の社員に見てもらい、そこで作り上げました。この手帳を社員と一緒に作ることでアメーバ経営も可能になる、とこの時にやっと理解できたのです。

手帳を作り、またフィロソフィの浸透のために勉強会を開き、さらに1年３６５日毎日発行している『一歩前へ新聞』によって、フィロソフィそのものを強固にしていくことができたように思います。

この新聞というのは、Ａ４サイズで16ページの小冊子で、社内で回収した日報に私がコメントを付けて返したものをまとめたものです。表紙にはその日のフィロソフィが掲載され、それに対する社員からのコメント、さらには私のコメントも載っています。

こういう機会に社員に書いてほしいのは、赤裸々な体験に基づいた話です。通りいっぺんの感想などは必要がなく、本当に悩んでいること、困っていること、そこから湧き出てきた言葉を書き連ねてほしいのです。

コロナ禍で25店舗中20店舗が閉店しているときもこの社内新聞は発行され続けました。しかしこの間のコメントには迫力がなく、新入社員も自宅待機ですから、フィロソフィの勉強会も実施されず、いわば学びのない中でコメントを書いてきますので、稚拙な内容のコメントが続くわけです。これではいけないと反省し、稲盛さんの「京セラフィロソフィ」を教科書として、「ぶどうの木フィロソフィ」の解説文を書き始めたのです。このことでコメントのレベルが格段に上がり、フィロソフィの浸透が深まったことを感じました。そして何よりも私自身の学びを深めることになったのです。

私も稲盛塾長に叱られてからは、社員に赤裸々な姿を見せるのをいとわなくなりました。そこから真のフィロソフィが生まれてくるのだろうと思っております。

私のところはアメーバ経営が先で、フィロソフィが後だったんです。それを世界大会で稲盛さんから直接指導を受けましたが、稲盛さんの仰るとおりで社内に共有した考え方があるからアメーバ経営が機能するのです。フィロソフィに添って物事を考え進める、社内で何か決めるときも、あくまでフィロソフィが軸になります。そうすると反対する者も出てきますが、そのことでぶれなくなったのは確かです。

先日夢の中に稲盛さんが出てまいりました。塾生に囲まれた中から出てこられ、私に向かって「どうや?」と声を掛けてくださったのです。私は、コロナ禍の現状を分かりやすく伝えねばと「洋菓子部門は何とか採算は取れていますが、レストランはダメです、ブライダルはどん底です」と語ったのですが、稲盛さんは「もうかっていると言わんかい」と一言、背を向けられました。

　普通の声だったのですが、一瞬間をおいて、稲盛さんが欲していた答えは「ありがとうございます、おかげさまでもうかっております」だったのだと夢の中でしたが、しまった！　と大反省しておりました。

　経営者とはどのような環境にあろうとも、利益を上げ続けなければならないのです。相変わらず叱られはしましたが、夢の中でもお会いできて幸せでした。

「米粒みたいなもんじゃ、目の前のことをやれ!」

笠間 力 ㈱カサマ 代表取締役社長

父親の死で急遽《きゅうきょ》社長ｓに就任した笠間力氏は、塾生を叱咤激励する稲盛氏の姿を目の当たりにし、必要としている人物に巡り合えたと直感する。稲盛氏に直接叱咤されたのは一度きりのことであったが、そのことは幸運なことだったと話す。

●叱る姿に「これだ!」と直感

私が盛和塾に入塾したのは、30歳の時でした。その1年前に突然父が倒れ、2日後に他界。あまりに突然のことで、皆、動転していたのですが、兄の「こんなピンチ、修羅場にはお前や!」の一言で、急遽私が社長に就任しました。

その頃、弊社は大企業のDM発送や商品梱包の受託業務を行っていました。就任当初は取引先も「こんな時だから」「よく戻って来たな」「頑張って仕事しいや」と応援してくれますが、それも1年ほど。しかも、その取引先が本社を移転することになり、関連会社もそろって移転し、どんどん売上が落ちていきました。このままではマズイ、自分としても火中の栗を拾う覚悟で後を継いだものの、どうしたらいいのか悩んでいる時、株式会社フェリシモの当時会長であった矢崎さんに「一緒に勉強するか？」と誘っていただいたのが、盛和塾でした。

初めて塾長例会にオブザーバー（見学者）という形で参加させていただいた時の経営問答の様子は、今でも鮮明に覚えています。私と同じように家業を継いだ方が塾長に「外注するより、まずは自分でやらんとな」と、ケチョンケチョンに怒られていました。その様子を見て、私は「これや！」と直感しました。

父親を突然亡くし、祖父も早くに亡くしていた私には、経営者として叱ってくれる人がいなかったのです。そんな時に叱っている塾長の姿を目の当たりにして、「俺もいつかはこうやって叱られてみたい」と思いました。実は私、ずっとラグビーをやっていたので、鬼コーチに厳しくしごかれることが好きなんです。経営の勉強会などに参加してもオベンチャラばかり。勉強会とは名ばかりで、結局は飲み食いが目的で挙句の果てには「何が悪い」「誰が悪い」と他人のせいにする。そんなことに飽き飽きしていた時に出会ったのが盛和塾でした。私に必要なのは、ビシッと本質を突

笠間氏

いてくれる塾長のような人だったのです。

●最初で最後の叱咤

入塾後は、矢崎さんの勧めに従い、ずっと塾長を追っかけ続けました。当時の塾長例会は温泉へ行って、20~30人車座になって話をするのですが、さすがに新参者としては塾長に質問するのはばかられる。そんなある日、福井からの帰り道に、塾長と同じ特急「雷鳥」に乗り合わせました。私が塾長に質問をしたがっていること知った矢崎さんが、私を塾長が乗っているグリーン車まで連れて行き、いきなり「塾長、新入塾生が質問したいそうなので、ちょっと聞いてやってください」と話しかけたからビックリです。

この日の例会で、同じように会社を継いだ方が、「新規事業を始める際に新たに外部から役員やブレーンを招かないといけないのではないか」と発表されました。それに対して塾長はいつものように、「それも大事だが古参の幹部を大事にしろ」と仰ったのです。自分と同じような状況の経営問答だったので、もう一歩突っ込んで聞きたくなる。そこで、塾長へ単刀直入に「とはいえ、今いる従業員だけでは新規事業は立ち上がらないと思うのですが?」と尋ねたところ、塾長はパッと私の顔を見てギロッとにらんで、

「君にとって今、それが課題なのか?」

と厳しい顔で尋ねられました。「いや、まだそこまでは……」と口ごもると
「目の前のことをやれ！　事業規模８０００万円？　そんなもん米粒みたいなもんじゃ。まずは10億円くらいにしてからモノを言え！」
と烈火のごとく叱られてしまいました。

その後は、すごすごと自分の座席に戻るしかありませんでした。

実際に叱られてみると呆然としてしまい、何を言われたのかも正確には覚えていません。ただ、毎日ど真剣にやっているかどうか、現場で奮闘していないのに評論家になっている自分を塾長は一瞬にして見抜かれたのだということは分かりました。〈俺はど真剣にやっているやつの質問にはど真剣に答えるが、お前では無理だ。もっとど真剣に、徹底的に、血のにじむような努力をしてから質問して来い〉ということです。

それから塾長の追っかけを始めました。やはり現場にこそ経営があるわけです。他の塾生に向かって塾長が
「お前は心からそれをやりたいんか」
「頭だけでもうけたいと思っているんちゃうやろな」

企業データ

企業名●㈱カサマ
所在地●大阪市城東区関目6丁目13－24 ヘッドビル3階
設　立●1956年3月1日
従業員●25名
事業内容●健康食品の販売、中小企業の健康経営コンサルティング、DMや販売促進のサポート事業

稲盛氏との名刺交換
笠間氏（右）と稲盛氏（左）

などと叱られている姿を見ると、毎回その矢印が自分に向かってくるのです。それを繰り返して1年くらい経った頃、やりたいことが少しずつ具現化できてきました。そして、通販会社とのコラボレーション企画で、おばあちゃんが昔懐かしいお惣菜やお菓子を作る様子を漫画で紹介しながら、お客様に材料を届けるという企画を立ち上げました。当時は今ほど食品添加物の問題などは叫ばれていませんでしたが、体は食べ物からできていると考えていましたので、その思いを形にして発信できたのは良かったと思いますし、何より大きな自信になりました。

新規事業を立ち上げる際に塾長に相談することはありませんでした。課題にぶち当たった時は先輩塾生に相談すると、わざわざ塾長に質問しなくても道筋が見えてきましたし、先輩方が「こうちゃうか」とアドバイスしてくれたり、仕入先を紹介して頂いたり、親身になってサポートしてもらえたのです。以来、塾長に直接叱られたことはありません。近いところでずっと見てきましたので、塾長が周りに仰っていることが自分の心に突き刺さり、自分自身が叱られていると感じることができ、自分を見直す、改める機会になっていきました。

しかも、塾長は怒った後、ちゃんとフォローされます。翌日、朝ごはんの時に寄ってきて「昨日、色々言ったけどごめんな。でも、分からなあかんぞ」などと塾生に声を掛ける姿を、いつも見ていました。お前に良くなってほしいから言うんだ。そのことがビンビン伝わってくる。私から見たら、父親や祖父が叱ってくれているような感じでした。

改めて、最初に叱ってもらって本当に良かったと思っています。おかげさまで今でも、塾長の本を読むたびに塾長自身が私に喋っていただいているように感じられます。ちょうど『経営講話全集』を読んでいるのですが、毎回塾長が渾身の力で話されている様子が伝わってきます。これも私自身が、最初にビシッと叱っていただいたおかげでしょう。

●売上8割を失う経営危機は「潜在意識のすごさ」を実感するためだった

ただ、今から6年ほど前、大手取引先から契約を打ち切られて売上の8割が無くなった時は、さすがに「塾長、どうしたらいいですか⁉」と泣きつきたい気持ちでしたが、こう言われるのでは、と直感的に分かりました。

「お前が甘かったんやな。そこまで頼りきったらあかん。大自然の競争はそんなもんや」

そう言われたら、「はい」と返事するしかないですから（笑）。

そもそも1社で売上の8割を占めるなんて、絶対ダメなんです。一本足打法はダメ、もう一本作っておかなくてはいけないと、塾長は常々仰っていました。それから、わが社も多角化を進め、現在は販売促進のサポート事業、健康事業で2業態、合わせて三本柱にしています。おかげさまでこのコロナ禍でも、なんとかやっていくことができています。

実は、塾長が常に仰っている「一番大切なのは、潜在意識にまで透徹する強い願望を持つこと」、その意味が本当に分かったのは、ここ最近でした。言ってみれば、それを体験するために経営危機があったとさえ思っています。

売上を8割も失うということは、新規顧客を作るだけでなく、新たに事業を創造しなくてはいけません。塾長には怒られますが、まさに土俵際。売上が無い時に先行投資をすると、キャッシュも毎月300～400万円は出ていくわけで、まさに四面楚歌の状態でした。毎日毎日、どうやったら売上を作れるか、どうしたら資金を回収できるのか、そればかり考え続けていると、夜も寝られなくなります。それが2カ月も続くと心が病んで鬱《うつ》状態になりました。その時、大きな気付きがありました。自分が健康を害して初めて、ようやく健康事業の本当の目的意義に気付いたのです。もちろんすぐには進展しないものの、やがて糸口は見えてくる。そうしたら、あとは一点突破。その一点に集中する意識さえあれば、難局は絶対突破できる。そう信じて邁進していました。そして、そこをクリアすると、また次の課題が出てくるから考えに考えて動き続ける、これを繰り返しました。ただし、一点突破して「やった！」と安心してはいけません。すぐ次の課題が出てくる。壁にぶつかる。そして、一点突破する。その連続です。

例えば、２年前に大阪に大きな台風が来て、社屋の屋根が飛んでしまい、移転せざるを得なくなりました。ところが、移転するお金がない。どうしたものかと考え続けていたら、火災保険の特約が適合されて運良く移転費用ができたんです。さらに、どこへ移転するか考え続けていたら、会社のほんと近くに移転地が見つかったから不思議です。

こうしたことを繰り返し、何度も突破していくと、潜在意識から聞こえてくる声に耳を澄ますことが少しずつできるようになりました。息をしなかったら死んでしまうのと同じように、潜在意識に心耳《しんじ》を向けなかったら会社は無くなってしまう、そんなふうに思いました。

今、弊社があるのは、いや、もっと言えば私の命があるのも本当に塾長の教えがあったから、そして塾生仲間の皆さまの励ましがあってこそです。心より感謝しております。

あの時、若気の至りで塾長に質問し、思いっきり叱られて本当に良かったです。

塾長はずっと「世のため人のためにお役に立つのが尊いことだ」と仰っていました。プライベートで私はずっとラグビーをしてきて、その中でかけがえのない仲間ができ、多少なりとも人間を磨いてきた感があります。そこで、その経験を伝えられたらと20年ほど前からボランティアで小学生にラグビーを教えています。子どもたちと泥んこになってボールを追いかけ、一緒に笑って泣いてラグビーを楽しんいるのですが、そんな中でも塾長に叱ってもらった体験が生きているように思います。パワハラやなんやと言われる時代ですが、時には子供達のお尻をひっぱたくときもあります。その瞬間はしかめっ面な子も、5分も経てばケロッとしているもんです。その子の成長を本気で思って叱ると分かってくれる、そんな体験をしてきました。そんな子どもたちもあっという間に成長して、久しぶりにグランドで再会することがあります。

「あの時、コーチはとても怖かったけど、あの時があったから今があると思います」

そう言ってもらえると本当に嬉しい気持ちになりますね。

やること、なすこと全てダメで夫婦が心酔

栗山　敏昭（㈱栗山米菓　代表取締役社長）

「ばかうけ」ブランド等のおせんべいの製造販売を営む栗山米菓3代目社長の栗山敏昭氏。自身の行っていた経営について、稲盛氏からことごとくダメ出しをされてしまう。振り返ると、経営人生の大きなターニングポイントとなったという出来事について伺った。

●1700名超える塾生の面前での叱咤に呆然

私は、1992年に盛和塾新潟開塾と同時に入塾しています。塾長は有名な経営者で、他の塾生からは神様のように崇め奉られていました。しかし、実際にお会いしてみると、とても気さくな方で、新潟で開かれたゴルフコンペの写真には塾長の隣で平気な顔してジュースを飲んでいる30代の私が映っています。若気の至りですね。

当時は直接塾長に質問する機会もあり、1997年に社長に就任した1カ月後に経営問答をさせていただき、新社長としての心構えや考え方などを塾長に尋ねることができたのは、大変幸運でした。そんな私が、まさか塾長から、それも大勢の塾生の目の前で「馬鹿もん！」と叱

られる日がくるとは思いもよりませんでした。

それは忘れもしません、2004年9月に京都国際会館で開催された盛和塾の全国大会でのことでした。盛和塾の全国大会は日本中から選ばれた塾生が経営体験を発表する場ですから、発表する塾生はもちろん、聴講する側も意欲満々、皆一様に力が入っています。私自身も原稿を3回も書き直し、我ながらよくできた、これなら絶対うまく行くと自信満々でした。ところが、大会史上最多の1751人の塾生が会場を埋め尽くす会場の壇上で、意気揚々と経営体験発表を行った私は、塾長からことごとくダメ出しをされてしまいます。まさに奈落の底に突き落とされたような気分で、頭の中が真っ白になりました。

塾長に指摘されたのは、次の4点でした。今でもはっきり覚えています。

1点目は「フィロソフィは作っていません」という私の発言に対してでした。塾長はすかさず、

「会社の経営において、社長が最初にやらねばならないのはフィロソフィを作ることだ」

と一喝。しかも、私が「私には能力も時間もないから、フィロソフィなど作っていません」と言ったものですから、大激怒です。

「フィロソフィを作ることは会社のトップが率先してやるべきことなのに、一体お前は何をしているんだ。私が話すフィロソフィをただ知っているだけではダメだ。血肉化しないと、フィロソフィは使えない。自分自身のものにして、自分の言葉にして、そして社員に伝える。フィ

2013年、リオディジャネイロにて
栗山夫妻（左・中央）と稲盛氏（右）

ロソフィこそがリーダーの仕事だ。まず、『栗山フィロソフィ』を自分自身で作り上げろ」ときつく言われました。

２点目は私の「会社のハンコは押したことがありません」という発言に対してです。当時の私は経理や財務にはノータッチで、銀行から入ってもらった人に一任していました。ここでも私の「付き合いで断れずゴルフ会員権など買ってしまいがちなので、経理や財務は人に任せたほうがいいのです」という意見に塾長は

「どんなに信頼している人でも、魔が差すことはある。お前は社員に罪を犯させる気なのか！　私は京セラを始めたころから、税務担当役員のハンコだけでなく、二重三重で確認できるようダブル、トリプルのチェック体制をとってきた」

と叱りながらもアドバイスしてくださいました。

次に、「定例会議はメールで連絡事項を報告しあうので、社員と直接会っての会議は不定期にしか開催しません」と

報告したところ、これまた
「社長であるお前の考えは、一体いつ幹部社員たちに伝えているんだ？　会議を通してトップの考え方を伝えるべきなのに、メールで情報公開とは何をやっているんだ。経営は現状をつぶさに把握し分析し、次の行動を起こさなくてはいけない。月に1度か2度、話しておけば大丈夫というものではないぞ」

と叱られる始末です。しかしその後、

「リーダーたる者、率先垂範でなければならない。例えば、戦いの場では大将が後方に陣取り戦略を練る方法と、先頭を切って我に続けと勇敢に戦う戦法とがある。どちらも正しいが、私自身は中小企業だったこともあり先頭に立って戦ってきた。指揮官の勇ましい姿を見て、前線の兵士たちは奮い立って頑張ってくれるものだ。栗山さんも先頭に立ってやっていくことが大切だぞ」

と諭して下さいました。

最後に「なるべく転勤をしない制度を作りました」と話したところ、塾長は今まで以上に強い口調で私を叱り飛ばしました。

「強い絆を持って苦楽を共にしてくれる社員を育てないと、『いざ、鎌倉』という時に一体誰が動いてくれるんだ？　社員が転勤できない固定した制度を作ってしまうと、これから全国展開していこうという時に会社の発展がなくなるぞ」

こうして私の話すこと、やることなすこと全て、ダメだ、できてない、と叱られてしまったわけです。

よくよく考えてみると、当時の私は社長として経営が安定してきたところでした。盛和塾に入塾したおかげで経営が良くなりつつあったとはいえ、いつでも足元をすくわれるような不安定な状態でした。塾長にはそんな私をお見通しで、栗山のためになると、敢えて晴れの舞台で私を厳しく叱ってくれたのです。

●叱った後の塾長の優しさ

発表の後、何人もの塾生から、あんなに叱る塾長の姿は見たことがないと言われました。長年塾長と共に過ごしてきた方たちからしても、異様な叱り方だったのでしょう。

しかし、ここからが塾長の塾長たる所以、優しいところなのですが、発表後の懇親会が始まる前に私たちのテー

企業データ

企業名●㈱栗山米菓
所在地●新潟県新潟市北区新崎2661番地
設立●1949年2月5日
従業員●660名
事業内容●米菓製造販売業

ブルにわざわざ来てくださり、妻にこう仰ったのです。

「奥さん、ご主人の晴れの舞台で、あんなに叱ってしまい申し訳なかったね」

これには妻も感激していました。塾長は叱りっぱなしの人ではないのです。

もちろん私自身は、すでに盛和塾で「小善は大悪に似たり、大善は非情に似たり」を学んでいましたから、塾長が「大善」で私を指導してくれたことは十分理解しています。それどころか、前社長である父も第一線から離れ、新社長となった私に対してモノを言える人がいなくなってしまった時期でしたので、塾長に叱ってもらえて良かったと夫婦ともども感謝していました。

とはいえ、さすがに全国大会終了後、1週間ほどは塾長から叱られたことが頭を離れず、悶々としてしまい仕事に集中できませんでした。そこで、盛和塾の事務局に相談したところ、「手紙を出してみてはどうか」とアドバイスをいただきました。早速、私は塾長に手紙を書くために、自分のこれまでの会社経営を改めて整理し、見直しました。すると、自分の至らなさ、塾長の指摘の的確さを再認識することができました。

塾長には手紙で、「誰にも負けない努力をする経営に変える」「二重三重の会計チェック体制を実施する」「月1回の定例会議を復活し、必要に応じてさまざまなミーティングを行う」「幹部役員は必要があれば転勤があることを通達する」ことを伝えました。

全国大会後、初めて塾長にお目にかかったのは横浜での塾長例会でした。私を見るなり塾長

は
「お前は素直だな。手紙も読んだ。お前はすごいな。頑張っているじゃないか」
と声をかけてくださいました。叱った後の塾長は、本当に優しいのです。

●妻を盛和塾へ、夫婦のベクトル揃う

塾長からの厳しい叱咤激励を受け、自分の経営者人生を完全に1回仕切り直した私は、「社員に任せる経営」から「社員を引っ張る経営」へと大きく舵を切ることにしました。そして、塾長に指摘されたことを一つひとつ確認し、実践していくと、会社は自然と自分の思い描く方向へ変化していきました。

そんな中でも、一番変わったのは、妻だと思います。主婦として家庭を守っている妻には、社長とはゴルフして、酒を飲んでワイワイ騒いでいるだけの呑気な存在に見えて

稲盛氏と会食（栗山氏35歳ごろ）
栗山氏（左から２人目）と稲盛氏（左端）

いました。そこで、私は妻も盛和塾に入塾させて塾長例会などに一緒に参加するようにしました。塾で倒産の危機にあって苦労したり、社員から反旗を翻されて人間不信になったり、生々しい経営者の体験談を直接耳にするうちに、社長業はそんなに気楽なものではなく、自分が思っている以上に大変な仕事なんだということに気が付いてくれました。

しかも、妻自身も塾長に感化され、経営において「考え方」が最も大切だということを理解してくれるようになりました。盛和塾に共に通うことで、妻との会社経営に対するベクトルが揃ってきたのです。

現在、妻は非常勤の役員を務めていますが、実は弊社で一番怖いのは妻ではないでしょうか。何しろ、彼女がひとこと言っただけで社員がビシッとします。でも、妻のひと言が一番効くのは、私かもしれません。

私は本来、人を叱ることも、人から叱られることも好きではありません。しかし、あの日、塾長に本気で叱ってもらったことで、『叱られること』や『叱ること』がどれほど大事なことか身をもって知ることができました。基本的に、他人に忠告や注意をすることは、する側もされる側も決して気分の良いものではありません。しかし、それは『小善は大悪に似たり、大善は非情に似たり』です。塾長は相手のためを思って叱るわけですから、叱られた人間の人生は格段に良くなります。私自身が、まさにそうです。全国大会の晴れの舞台で思い切り叱られた私を可哀そうだと言う人もいましたが、今から思うとあの日叱ってもらったことが、私の経営者人生の大きなターニングポイントでした。

私も社長に就任して24年になりますが、今は塾長に倣い、社員や周りの人の幸せを考え、言うべきこと、言わなくてはならないことは、きちんと言うように心がけています。塾長が私に示してくれた『大善』を、私も周りの人に示していければと思っています。

●「現状から脱出できん。会社の発展・成長には厳しく当たりなさい」

十河 孝男（徳武産業㈱ 代表取締役会長）

介護ケアシューズで国内トップシェアを誇る徳武産業株式会社。突然逝去した義父から経営を引き継いだ十河孝男氏は、新たな事業として歩行に困難のあるお年寄り向けのシューズ開発に没頭した。業界では前例のない試みに、社員からの反対に遭いながらも、社会のためになると確信し、多額の設備投資も行って製造販売にこぎ着けた。ただ、売上高は順調だったものの利益率は数％で、財務体質は決して強いものではなかった。

「自分は人様のお役に立つためにやっているのだから、利益率が低くてもいい」

そう考えていた十河氏に対して、稲盛和夫塾長は、その事業の意義を認めつつも、利益率を上げることを厳しく求めた。そこで改めて気付いたフィロソフィ（経営の志）とは、経営者として本当にすべきことの教訓だった。

●会社経営と世の中への還元

「人助けの仕事をしているのは素晴らしい。しかし、利益率が３％に満たないのであれば、ちょっと不況の風が吹いただけで会社の存続が危うくなってしまう。会社がつぶれたら、人助けもできない。少なくとも7～8%の利益が出るように頑張りなさい」

2008年、中国四国地区合同塾長例会の場で経営体験発表をさせていただいたとき、稲盛塾長から頂いたコメントです。厳しく、そして温かいお言葉でした。と同時に、当時売上が伸びていたことで少し得意になっていた自らの頭を、ガツンとレンガで殴られたようなショックがありました。人様のお役に立つことをしているのだから、多少利益率が低くてもいい、むしろ利益は世の中に還元しているのだから、まったく問題ないのではないか。そのような考えを正面からそうではない、と諭されました。

十河氏

改めて、経営の志、つまりフィロソフィと利益率を両立させて初めて、経営を安定させ、社員を守り、世の中の役に立つことができると気付かせていただきました。弊社のフィロソフィは「真心と感謝の経営」です。常にこの言葉を胸に刻み「ど真剣」に経営に取り組んでまいりました。

●前例のない新事業に踏み出す

徳武産業は、日本で初めて介護ケアシューズを開発し、1995年から販売を開始しました。それまではいわゆるルームシューズのみの生産でしたが、介護の現場を見てみますと、お年寄り一人ひとりの症状によって、既製品の靴ではうまくフィットしないことがあります。そこで大きめの靴を買って、靴下を重ね履きしたり、爪先に詰め物をして調整するのですが、転倒の原因になっている場合が数多くありました。お年寄りからも「片方ずつ大きさが違う靴を作ってほしい」というニーズがありました。むろん靴業界に前例はありません。「できるわけがない」というのが通説でした。弊社で技術顧問をされている先生にも「左右違うものを作ったら売れない在庫が増えるだけで会社がつぶれるぞ」と言われました。私自身もそのことは分かっていました。一方で、自分に合う靴が欲しいと望んでいる人が少数だがいる。それを何とか解決する方法を見つけたいと思いました。

当時、OEM（他社ブランドの製品を製造すること）でルームシューズや旅行用スリッパを作っていましたが、事業に行き詰まって新商品の開発に走ったのではありません。社内でも「なぜこれまでうまく行っているのに、わざわざ新事業に手を出すのか」といった反対もありました。四面楚歌でのスタートです。でも私の中にあったのは、何としても最後までやり遂げなければならないという使命感です。社員には「間違いなく将来性のある商品であり、高齢者施設の人たちもすごく期待してくれている。どこにも売っていない商品だからこそ価値がある」と訴えました。

●講話「経営とマラソン」に衝撃

新商品開発ができるまでには、左右で大きさの異なるシューズを作るための裁断方法や、在庫管理のための数量調整など、さまざまな難題がありました。稲盛塾長に出会ったのは、そんな開発でのたうち回るような日々を送っていたときです。友人から稲盛和夫経営講話『マラソンと経営』のカセットテープを貸してもらう機会がありました。ものすごく大きな衝撃を受けました。そこでは、どんなに苦しくても先頭集団に付いていくことの大切さが述べられていました。

稲盛塾長が起業された京セラ株式会社には、先行するメーカーが数多くあり、マラソンでいえば相当な距離を離

企業データ

企業名●徳武産業㈱
創業●1957年
設立●1966年
所在地●香川県さぬき市大川町富田西3007
従業員●81名
事業内容●ケアシューズ（高齢者用シューズ）・ルームシューズの企画、製造、販売

されている状況だったそうです。そこで、「京都の中京区一から京都一、さらに日本一、そして世界一を目指すには、マラソンのペースではいけない、百メートル走を走る気概でやらないと絶対に追い付かない。当然、そのペースを維持しようとすれば、ばててしまうけれども、習い性になるからいける、そう思いながら追い付ける、追い越せるとやっていたら世界でナンバーワンになれた」と。

この話を聞いたときに、どんなに辛く厳しいときでも目標を立てて頑張ればできる、人間にはすごい能力がある、あの稲盛さんでもこんなに苦労していたのか、と大変励まされました。このしんどさを乗り越えないと一流にはなれない、と開発の困難を乗り切り、新商品「あゆみシューズ」が出来上がりました。

1995年に販売を開始しましたが、当初はまったく売れませんでした。前年から会社全体の売上が30％落ちて、創業以来の大きな赤字を出しました。私自身が新商品の開発に全てを懸けていたので、社内での経費その他の業務の管理も不十分でした。新商品のために大きな設備投資もしていましたし、それも回収できるか分からない状態でした。多くの社員の離脱もあり、社内の雰囲気も暗くなりました。

そんなときに、商品開発にご協力いただいた高齢者施設の夏祭りに参加する機会がありました。祭りが終わる頃でしたが、90歳ぐらいのシルバーカーを押していたおばあさんの足元を見たら、私たちの靴を履いてくれていました。思わず声を掛けますと、「いい靴を作ってくれてありがとう。ぴったりの靴や。毎日この靴を履くのが楽しみ」と言われました。

この言葉に大きな勇気をもらいました。そこで販売の仕方を変えてみれば、何か道が開けるのでは、と思い付きました。そのアイデアが後々に片方の靴だけを半額で販売する、業界初の試みにつながったのです。また、個々の足の状態に合わせて、靴底の高さを調整するなどのパーツオーダーシステムも加えました。今では年間10万人以上の方にご利用いただいています。

２００８年に稲盛塾長から温かくも厳しいお言葉を頂いたことは冒頭で述べましたが、そのときのコンパでお隣に座らせていただきました。塾長は「ええ発表やった。ただ、優しさも大切だと思うが、会社の発展・成長にはもっと厳しく当たりなさい。そうせんかったら現状から脱出できん。利益７～８％を達成したら会社は発展するし、社員も喜ぶ」と真剣なまなざしで言われたことは、今でも深く脳裏に焼き付いています。

●経営者人生を懸けて守る「稲盛フィロソフィ」

稲盛塾長の言葉に、私に何としても一人前の経営者になって欲しいという強い思いを感じました。優しい眼差しで真剣に教えていただいたことは私の人生においても最大の嬉しい出来事の一つです。なお、その発表から1カ月ほど経ってからでしょうか、塾長から直筆で稲盛経営哲学である「値決めは経営である」と書かれた色紙が送られてきました。今も会社の宝物として応接間に飾っています。私にとって間違いなくかけがえのない言葉です。経営者人生を懸けてこれを守ろうと思っています。

それ以降、会社の経営理念に「全社員の物心両面の幸福を追求します」と加えました。厳しいことをやり、一定の利益を出すことは社員の幸せにつながる。社員に「もっと真剣に、もっと深くことに当たれ」と厳しく言えるようになりました。そうすることが先の理念につながるからです。その後、本当に皆が一緒に闘ってくれるようになりました。

稲盛塾長直筆の色紙

当時、自社の商品の中にはよく売れている物もある一方で、不採算な商品もたくさんありました。当初は「お客様に喜んでもらっているのだからいいではないか」と思っていましたが、全てを見直し、お客様のニーズを守りながら材料や製造方法を改善し、全ての商品に一定の利益が出るように大きく方針を改めました。

社内的にも各部署に経費削減目標をお願いしました。その結果、経営発表を行った翌年の２００９年の経常利益は６・２％。社員自身も「やったらできるんや」と強く思ってくれたようです。稲盛塾長の教えが正しかったことを数字や実績で示すことができ、とても嬉しく思いました。さらに２０１０年には７・９％、２０１１年には８・１％と経常利益はどんどん向上しました。現在でも、同じくらいの利益水準が続いています。

すると、驚いたことに見える世界や行えることが変わってきました。かけがえのない宝物である社員に対して給料、ボーナス、福利厚生でしっかり報いることができるようになりましたし、近隣の学校への寄付活動も行えるようになりました。今までは自分の心の中で満足感を得るのみでしたが、より具体的に外部にも見えるようになりました。

社員への感謝の気持ちを示すために、今でも毎年の賞与は社員に現金で手渡ししています。その際に一人ひとりに10〜15行ぐらいのメッセージを添えたカードを付けています。賞与前になると週末は部屋にこもり、一人ひとりの顔を思い浮かべながら、「今日の徳武産業があるのも、皆が懸命になって努力してくれるおかげや」と唱えながら、万年筆で感謝の気持ちをしたためています。

２０１２年に盛和塾の世界大会にて経営体験発表をする機会を頂きました。これまで「あゆみシューズ」の開発・製造・販売を通じて果たしてきた企業理念を発表し、介護ケアシューズのシェア日本一となったこと、そして盛和塾は自身にとって経営者修業の道場であり、つまずいたり、迷ったりしたときに経営の羅針盤を与えてくれる、なくてはならない存在であること、何より稲盛フィロソフィと、採算性を両立させることの大事さを学んだことを報告させていただきました。

●創意工夫で利益は上がる

稲盛塾長からは、「本当に素晴らしい経営をしている」「本当によく頑張った」とお褒めの言葉を頂きました。一方で、以前ご指摘された、少なくとも7～8％の利益を上げる経営を行い続けることについて触れ、「それは強欲ではない。他人さまから利益を巻き上げようという考えではなく、創意工夫することによって利益率を上げていくことができる」と再度、忘れてはいけない基本として、お言葉を頂戴しました。

そして、会場に集まった4000人の塾生の前で、稲盛塾長は「どんな仕事でも創意工夫をしていけば、他人があんなビジネスではもうからない、事業にならないと思うようなものでも、やりようによっては素晴らしい事業に展開することができる」と呼びかけられました。

さらには、早くに亡くなった私の母のこと、そして徳武産業を創業した義理の父が志半ばで亡くなったことで、私が急きょ社長を引き継ぎ、それに続いて生じた社内のゴタゴタで自信を失ったときの大変苦しかった思いをくんでいただきました。稲盛塾長から、今は亡き二人が、共にこの発表会場に来て応援してくれていると言われたときは、涙があふれて止まりませんでした。本当に生涯忘れることのできない思い出として、心からありがたく思っています。

今、私の会社の社長は次女が務めてくれています。次女が小さい頃には授業参観にも行けず、私たちはひたすら仕事をしていました。病気になったときも、付き添ってやることもできず、会社を守るためには、家族を犠牲にしなければなりませんでした。看病は誰かに代わってもらえるかもしれない、でも苦しい会社の状況を変えることができるのは経営者たる私たち以外にいませんでした。

あるとき、次女にそのときのことを聞くと、寂しい思いをしていたけれども、私たちの背中を見ていたことで、ひたすらに仕事に打ち込んでいたときの気持ちは分かる、と言われました。

彼女は今社長として、働き方改革を始め、新型コロナウイルス感染症などによって社会環境が目まぐるしく変わりつつあるなかで、今の時代に合わせた新しい経営のやり方を必死に模索しています。経営者として合格点に近づいてきていると思っています。

「理念が身に付けば、理念先行の人ができるわけがない」

梶村　一成（㈱システテック　代表取締役社長）

「京セラマン」として社会人生活をスタートさせた株式会社システックの梶村一成社長は、その経験を父が創業した会社で生かそうとするも、社員に正しいと思っていることが全く伝わらず、実行してもらえない、苦渋の日々を過ごしていた。そんな折に稲盛和夫塾長が自社を訪問し、会社の方向性を示唆。その教えを守り、社員と共にフィロソフィを実践することに相応の手応えを感じるようになっていた。しかし、経営体験発表で返ってきた稲盛塾長の答えは「社員教育ができていない」「フィロソフィに則っていない」と根底を否定されるような厳しい叱咤だった。

●KCCSで学んだフィロソフィ

私は元々「京セラマン」です。海外の大学を卒業した後、京セラコミュニケーションシステム（KCCS）の森田社長と私の実父のご縁で、1996年から4年間、営業、経営管理、総務、人事部門と同社で一通り経験させていただきました。この時に、フィロソフィとアメーバ経営が会社の末端まで浸透しているのを目の当たりにしました。KCCSでの学びは社会人、

梶村氏（左）と稲盛氏（右）

そして人間としてのものの考え方や基礎として、今でも大いに生きています。

稲盛塾長との出会いは１９９２年頃でしょうか。塾長の講話をカセットテープに収録した『経営とマラソン』を父から勧められたことで知りました。初めて対面でお会いしたのは１９９６年の盛和塾全国大会の時です。当時の私はＫＣＣＳの社員でしたが、塾長は「雲の上の存在」でした。

ようやくきちんと対話できるようになったのは２００７年、浜松で行われた塾長例会で勉強会の司会をした時です。具体的に何を話したのかは、ほとんど記憶にありませんが、塾生同士の対話が主体の会ですので、元グループ社員の私は遠慮していたのではないかと思います。

弊社は１９７４年に盛和塾の塾生であった父が創業しました。１９９４年にアメーバ経営を導入、翌年には前年利益率の約17倍弱の改善を達成しました。さらに翌年は過去最高の売上・利益を計上できました。２０００年には「システック経営理念ノート」と称するフィロソフィ手帳を作り、また

2005年には基幹システム「ザ・アメーバ」も導入しました。

しかし、2008年度はリーマンショックの煽《あお》りを受け、会社に内部留保が乏しかったことから、63人の人員整理、そして経常損失7900万円を出してしまいました。素直にアメーバ経営を学んでいたのに、このような事態を起こしてしまったことは、それまでの思いや考え方、生きる姿勢と覚悟を天から問われたのだ、と感じたことを覚えております。

私は2000年に入社し、管理本部に所属しました。ただ、前任者からの引き継ぎは一切なく、具体的に何をすれば良いのか分からなかったので、自ら現場を回り、改善すべき点をノートに書きつづり、優先順位をつけて行動していきました。KCSで学んだことを生かし、少しでも社長を支えたい、早く解決したい、認められたいと思ってのことでしたが、いま考えれば当時の私は気負い焦っていました。

●自分は「被害者」

入社間もない私が実績もないのに幹部になるわけですから、周りからは「威張り散らしているだけ」だと思われていたと思います。私自身も社員に感謝する視点が足りず、自分のやっていることは間違っていないとの思い込みや、利己的な考えがありました。それどころか、「どうして社員は分かってくれないのか」と被害者意識さえありました。

他の役員にしても、例えば、お客さまとの間にトラブルがありクレームが来ても、担当者をきちんと叱り、指導しようとしない。会社に服務規定があるのに実行しようとしない。「規定があるから問題はない」と発言する始末で、ルールがあっても全く運用されていませんでした。

これらの経験から、稲盛塾長の教えである「リーダーは厳しくなければならないと同時に、優しくなければならない」「たとえ嫌われても、正しいことは会社のために勇気をもって発言する」の二つを基準に行動する大切さを痛感しました。

そんなゴタゴタが続く中で、2002年の弊社創立記念日に、稲盛塾長にご訪問いただく機会がありました。その時に下請企業が受身体質から脱却することについて質問しますと、「地味に見える下請でもトコトン極めることで道は開け成功する」と示唆され、そして社員には、会社の現状をつぶさに話し、会社方針を理解できる人のみを残す、さらに社員のわがままを許さないこと、と教示くださいました。

これらご指導のもと、それまで具体性が乏しかった採算表をアメーバ経営で改めてきちんとやり直し、根気よく

企業データ

企業名●㈱システック
創業●1974年7月
設立●1976年2月
所在地●静岡県浜松市北区新都田1-1-9-9
従業員●265名
事業内容●情報通信、放送機器のソフト・ハード機構の開発製造

続けたことで、社員の中に自発的な行動が見えるようになりました。わがままを許さないことを徹底し遠慮しなくなったことで、残念ながら不満のある社員は去っていきましたが、会社としてのベクトルは少しずつそろい始めました。

2005年には私自身も盛和塾に入塾し、社長と意見の相違があったときには、「塾長ならこう考えられるのではないか」と理念やフィロソフィに照らし合わせながら意見を交わせました。すると少しずつ意見が合う場面が多くなり、感情的な議論も軽減しました。

社員に対しても、フィロソフィの意味合いを理解してもらうため、家族間の出来事や自然界の例えなど身近なことに置き換え、少しでも伝わっていくように努めました。そのためには、トップが借り物の言葉ではなく、自らの言葉で語ることの大切さも実感しました。

当時の弊社は理念やフィロソフィの浸透をしていたと思い込んだ時期があったので、目標と現実が大きくずれ、うまく行かない理由付けを理念先行型だと言っていたのです。これは、スマートな人ばかりを作りだし、口先だけで行動に結び付かない組織を作ってしまうと思っていたのでした。

●「理念先行の人ができるわけがない」

しかし、2011年の盛和塾シカゴ開塾ツアー交流勉強会で経営体験発表の機会をいただい

盛和塾の経営体験発表を行う梶村氏

たとき、稲盛塾長から次のようなコメントをいただきました。それは「社員教育ができていない」との厳しいご指摘で、私が理解していたフィロソフィの浸透についても根底から否定され、こう諭して下さいました。

「理念やフィロソフィが身に付けば、謙虚で利他の心を持った人たちが増えていきますから、理念先行型の人ができるはずがありません。そういう人ができるということは、フィロソフィに則っていないわけです」

「従業員にフィロソフィを教え、一緒に勉強していくことができていなかったのではないでしょうか」

振り返りますと、ＫＣＣＳにいた時「教育研修は怠るな」と言われていたのに、弊社には教育研修の制度がありませんでした。この発表時でも社内で教育研修ができていたのは幹部候補の10名程しかいませんでした。稲盛塾長はまさに弊社の問題をズバリと指摘されました。

その場にいた塾生から、「稲盛塾長の私に対するご指摘は、厳しかったけれど大丈夫か」とご心配もいただきました。私はそれを「厳しさではなく優しさ（愛情）」と受け止めましたし、ここから会社を変えていく素晴らしい機会を与えてくれた、と解釈しています。

帰国後、すぐに体験発表ＤＶＤを全ての幹部社員に見せました。すると「理念先行型」という言葉を使う幹部社員はいなくなりました。今もフィロソフィを広め続けていますが、言葉の表層や意味合いを知っているだけでは実際の行動に落とし込めません。まず共感・共鳴され、この学びを自らが行動につなげて体感してこそ、会社の業績に反映できると考えています。私自身も会社も、いまだ足りないところがあると思って日々反省しています。

●自ら教育研修を企画

弊社では今でも毎年、私が教育研修の内容を一部企画しています。また京セラには、フィロソフィをどれだけ理解できたか、それを実務にどのように生かしたかをまとめて発表するフィロソフィ論文発表会がありますが、弊社でも似たようなことをしています。幹部にフィロソフィ論文を提出してもらい、研修の場で体験発表してもらうのです。

この体験発表前の過程が重要です。自らの過去を振り返り、客観的に整理し、見つめ直し、体系立てる必要があるので、多くの気付きを養う機会となるのです。また、これは未来志向で考えるにも有効なことですし、発表を聞く第三者にとっても「身近な幹部にそんなことがあったのか」と共感・共鳴する機会を与え、相乗効果を生み出します。

現会長の父から事業承継したのは5年前の2016年となります。以来、本当にいろいろなことがありました。そのうちの一つに、社長就任の3年前に私たちのエレクトロニクス業界を憂えた会長が全く関わりのないレトルトの仕入販売業に参入したことがあります。いずれ本業に結び付けたい意向はあったのですが、残念ながら、この仕入先が倒産したので父は事業から撤退すると思いきや、「犠牲的精神」でこの仕入先となる秋田県の食品加工会社の事業譲渡を受けたのでした。

事業譲渡を受けて間もない頃、当時の従業員の方々は弊社に対する強い不信感があったと思います。社長就任後、何とか事業を立て直そうと秋田まで浜松から幾度か出張しました。しかし、元々倒産した会社だと知っている取引先は、債権を踏み倒された感情が払拭できず、社名が変わっても注文は取りにくい時期がしばらく続きました。

そんな折、あるベンチャー企業から事業プランが持ち込まれました。この会社は54社ほど食品加工のOEM（相手先ブランドによる生産）供給の依頼を続けていたのですが、断られ続けており、「次でダメなら計画をやめよう」と最後に連絡をしてきたのが弊社でした。

「天は自ら助くる者を助く」ではないですが、弊社としても受注がほしい状況でしたので、この話のおかげで再建の目途が付き始め、2年前の2019年に黒字化しました。黒字化していく過程で、事業譲渡された会社では元々研修が行われてきていなかった状況も目の当たりにし、社員教育・研修の重要性を改めて気付かせてもらいました。この事業は、本業に専念するために、今年4月にこのベンチャー企業に事業譲渡を終えました。

●大胆さと細心

私は大胆さを好みますが、細かいことにもこだわる人間かも知れません。会社の仕事には重箱の隅をつつかないと変わらないことがあります。むしろ、そこをつついてでも変えようとするからこそ、会社は伸びるのではないでしょうか。昨今よく言われる会社変革に必要なデジタルトランスフォーメーション（DX）にしても、緻密さがないとデータは取れませんし、生かすことはできません。稲盛塾長は大胆さと細心さという相反する両極端を併せ持つことによって初めて完璧な仕事ができる、と述べられています。つまり、どっちに振れるかは、その時の状況で見極めていく必要があると解釈しています。

最後に、私の好きな稲盛経営哲学のフィロソフィの一つに「楽観的に構想し、悲観的に計画し、楽観的に実行する」があります。むろん会社が立てる事業計画にはこだわりますが、その策定過程、プロセスこそがとても大事です。計画を作っても、計画通りにならないことは多いですが、計画は何が問題であったかを見直す場となり、目標を達成させていく上での軌道修正の履歴が残せます。こういう仕事習慣が、毎年の計画精度を高めると信じています。

●「さすが稲盛さんや、よう言うてくれはったわ」と社員が明るくなった

中村　雄一（大阪エンジニアリング㈱　代表取締役）

盛和塾北大阪（現北大阪経営塾）で代表世話人を務めた大阪エンジニアリング株式会社の中村雄一社長は、現在は北大阪経営塾代表世話人として後進の指導に当たっている。稲盛経営哲学をもっと深く学びたいと他の世話人らの賛同と協力を得て「京セラフィロソフィ輪読会」を立ち上げ、勉強会を継続すると共に、他塾塾生にもその方法論を広く伝えてきた。輪読会はこのたび実施200回を達成。100回目の実施時には稲盛和夫塾長から「他塾への素晴らしいモデルケース」と高く評価された。

自ら経営する会社においては、「職人気質の棟梁」だった創業者の父親から事業を引き継ぎ、多額の借金やベテラン社員との関係に悩みながらも、業界で「ナンバーワンになりたい」という強い思いを胸に邁進した。仕事の受注数を増やすために社員に資格取得を勧めるも、思うように士気が上がらず、稲盛塾長に改善の教えを求めた。そこで返ってきた言葉は意外なものだった。

●「一生懸命だが、無駄なこと」

「一生懸命にやっておられるが、それは非常に無駄なことであり、してはいけないことではな

いか」

塾長からその言葉を頂いたときは、正直「意外」と腹立たしさを感じました。公共用地補償コンサルティングを営む弊社の業界は、例えば一級・二級建築士、測量士、機械技術士、補償業務管理士、土地区画整理士、宅地建物取引士、危険物取扱者、不動産鑑定士と多くの資格が要求されます。1988年に創業者の2代目として入社した私は、率先して一級建築士、測量士、不動産鑑定士、補償業務管理士などの資格を取得していきました。

私が入社して1年足らずのときのことです。父の許可を得て経営計画書を作り、社員に向けて発表しました。「売上は2倍にして、利益はその10％にする。目標を超えた利益はみんなに還元する。そして今後5年間で年収を200万円アップしよう」と伝えました。財務内容を知らない社員は面食らっていました。その言葉を疑ったり文句を言ったりしながらも、本当によく頑張ってくれて少しずつ業績は上向いていきました。

その年の実績は目標の2倍に届かず、利益もはるかに少ない1千万円弱。しかし実質赤字だった会社がどうにか利益が出せたことを素直に喜び、「これなら何とかやっていける」と気持ちを強くしました。

私は常に自分自身が前向きでなければならないと思い、社員に対して「わが社は業界の草分け的存在。歴史も技術もある。業界ナンバーワンの会社にしよう」と機会があるごとに訴えていました。

資格取得を社員に推奨したのも、個人にとってもコンサルタントとしての評価が上がって報酬が良くなり、また会社にとっても、営業の間口が広がり、会社の評価も上がると考えていたからです。

朝礼などでも、資格取得の意識を周知徹底させようと、資格手当制度を整えたり、費用負担などのバックアップも行いました。特にベテラン社員には、なぜ資格取得が必要かを説明し、若手社員への模範を示してほしいと訴え、個人面談でも具体的な相談に応じました。しかし、社員の意欲はそれほど上がりませんでした。年を取ってからの勉強は、それ自体が容易ではないこと、経験がものを言う仕事だけに、資格がなくても業務をこなせる側面があったからです。また、社外から人を雇ったり、部下ばかりに資格取得者が増えると、組織のピラミッドが崩れて混乱するとの懸念もありました。

中村氏

そこで稲盛塾長に、資格取得の意識が乏しいベテラン社員の自己啓発意識を高揚させる方法を経営問答で質問させていただきました。私にはお叱りにも等しいお言葉でした。それに対する塾長の答えが冒頭の言葉です。

塾長は続けて「よく働いてくれるのだったら、それで十分ではないか。あなたは、その人たちをもっと賞賛すべきだよ。問題なのはあなたの資格偏重の考え方で、それは組織を崩壊させることにつながる」と仰いました。正直、その質問をさせていただいた仙台での塾長例会から地元の大阪に帰る飛行機の中で、「そんな答えをもらうためにわざわざ仙台にまで行った訳じゃない」と腹が立ってしかたなかったことを覚えています。

でも、その後よくよく考えまして、戻った会社の幹部会議で「今日からもう資格のことは言わない。その代わりに仕事に専念し、若手社員の資格取得のバックアップをお願いしたい」と伝えました。すると、古参の幹部たちは、「さすが稲盛さんや。よう言うてくれはったわ」「やっぱり、偉い人の話は聞かんといかんわ」「わしらの言うとった通りやろ」などとそれまで抱えていた肩の荷が下りたようで、会社の雰囲気もいっぺんに明るくなりました。それ以降、彼らの頑張りようは目を見張るものがありました。吹っ切れたように、それまで以上に労力を惜しまず仕事に打ち込んでくれるようになりました。

●当初の能力は問わない

今になって思うと、稲盛塾長が一番伝えたかったのは、能力偏重はいけないということだったと思います。塾長は、京セラで跡継ぎにしたい人材はみんな辞めていき、反対に愚鈍と思われている人しか残らなかったと仰っています。その人たちが15年、20年と厳しい訓練を受けながらも耐えて、今の幹部になったのだから当初の能力は問うな、と。それを聞いて納得できました。

それまでの私は「人生・仕事の結果＝考え方×熱意×能力」のうち、能力＝資格という点だけにとらわれ過ぎていたのかもしれません。塾長のアドバイスを頂いてからは、資格の取得よりも「考え方」を重視する方向に変わりました。会社のために、苦労もいとわない全従業員と、「心」をベースにした経営を行っていくことが大切である、と。全従業員と稲盛経営哲学、即ち「フィロソフィ」を共有することが何よりも大切で、資格や組織、戦略はそのベースがあってこそのものです。

私たちの業界では、業務に必要な資格を持っていることが一定の質を保証することもあり、すぐに独立することができます。しかし、そうであっても、社員が定着する会社にしなければいけない。私自身が「利他の心」を持つことで社員が定着できるような会社にしたいと思いました。

その思いを込めて、塾長に次のよう

企業データ

企業名●大阪エンジニアリング㈱
創業●1957年6月
設立●1965年10月
所在地●大阪市西区九条南2丁目18番16号
従業員●35名
事業内容●補償コンサルタント、不動産鑑定評価

なお手紙を書きました。

「行政担当者の研修会の講演をするために父と全国各地へ向かう途中、頑張ってくれる社員たちのことを思って涙することがあります。よくぞこれだけ頑張ってくれる社員が集まってくれたものだと、神仏と塾長に感謝しました。どうせ他人なのだから、身内のように頑張ることなどあり得ないと思っていた10年前が嘘のようで、今は社員と私とは、肉親以上の関係で結ばれているのではないかと思えるほどです。」

塾長からは「私の忠告を素直に聞き、実行に移し、社内が明るくなったと聞いて大変うれしく思う。これからも研鑽を重ねて、善きリーダーになってほしい」というお返事を頂きました。そのお手紙は私のお守り、宝物として、今もなお大切に保管しています。

１９９９年の盛和塾の全国大会での発表後、社内で「フィロソフィ」を共有するための輪読会を実施し、全従業員との共有に取り組んでまいりました。利他の心で仲間やお客様のために働くことで、風通しの良いガラス張り経営ができ、経営者意識を持ったレベルの高い社員が育ちました。ここ10年ほどは経常利益率10％以上を堅持し、自己資本比率も70％以上となりました。

私がこの会社に入ったときは経営状況が悪くまさに借金まみれでしたが、自己資本比率80％以上にする、とか、社員に10カ月分のボーナスを払いたいとか、夢のようなことを言っておりましたが、どちらも達成することができました。近畿圏では同業のなかでは売上規模で上位５

本の指に入るくらいまでになり、現在私は日本補償コンサルタント協会近畿支部の支部長として活動しています。

いま35人ほどの社員がいますが、「フィロソフィ」を説く以前から勤務している社員は3人だけで、他は全員入れ替わりました。彼らは粘り強く理解して頑張っていますし、新しく入社してくる社員も理解が早く、会社をどんどん変えていきます。理解の深さに違いはありますが、利他の心で皆のことを考えることのできる社員たちです。

そのような強固な基盤を作ることが一番大事なポイントで、塾長もそう伝えたかったのだろうと思います。

だから、私は入社時の面接を最も重視しています。通常、1人に2時間くらいかけます。「フィロソフィ」を本当に分かる人しか採用しておりません。これまでには4時間かけて面接をしたこともあります。

自社での成功体験をもとにして、盛和塾北大阪においても塾長の許可を得まして、2009年1月から全塾生とその社員を対象に「京セラフィロソフィ輪読会」を毎月開催し、2021年1月には200回を迎えることができました。

2009年当時、輪読会をしている支部はありませんでし

「京セラフィロソフィ輪読会」の風景

たが、私の会社は「フィロソフィ」を実践して業績を立て直したので、実践すれば必ず良くなるという確信がありました。自分が所属する盛和塾北大阪（現北大阪経営塾）でも始めたところ、他塾からも声が掛かり、20回ほど立ち上げの講演に伺いました。輪読会100回記念誌には、塾長から「輪読会に出席した塾生のみなさんが会社に戻り、さらに従業員のみなさんに会社の考えをどのように伝えるかということまでをも想定した輪読会は、他塾にとって素晴らしいモデルケースとなりました」との祝辞も頂きました。

●「信じ切ってやれるか」の覚悟

稲盛経営哲学である「フィロソフィ」の共有は簡単なことではありません。まず塾長の教えを信じる覚悟があるかどうか。次に、「フィロソフィ」を自分のものにするには、完全に社員のために利他の精神（心構え）にならないといけません。彼らのために、自分は捨て石になる。肥しになる。それが喜びであるとの覚悟を決めないと、社員に「フィロソフィ」は伝わりません。社員に対する愛と勇気を持ち、背水の陣で「フィロソフィ」に取り組む覚悟が必要です。

フィロソフィを社長が本気でやると「ついていけない」「気に入らない」と思う社員の抵抗も出てきます。僕自身何度もそのような場面を目の当たりにしてまいりました。盛和塾北大阪の輪読会でもそういうぶつかり合いはありました。相手を説得しようと一生懸命続けていくと自分の自我は消えていきます。塾長がまさにそうで、相手の立場に立って縦横無尽に考えられるようになります。不思議なもので、「フィロソフィ」を説き続けている人は自然とそうなり、会社の業績も自然と上がっていくのです。

社長はたとえ中小企業であってもある種の理念を持って経営しています。その理念を現状維持のままにしていることもあるのですが、もっと高い理想に向かって進んでいけます。塾長の理想はわれわれ中小企業にとっては高過ぎるところがあるかもしれません。人間の世界と神仏の世界と言ってもいいかもしれない。たとえそうであったとしても、信じきってやれるかどうかが大切です。

●「理想像以上」の会社になること

振り返ってみますと、私が入塾した1995年頃はまだ盛和塾の塾生も少なく、稲盛塾長が身近に感じられる距離にありました。その中で既に財界でしかるべき地位に就いておられた塾長が、私たちのような中小零細企業で働く者のところまで下りてきていただき、われわれと同じ目線で対等に自然体で話をされる姿が信じられないほどありがたくて、これは夢ではないかと思いました。このような、本来はあり得ないであろう貴重な出会いを大切にしなければならない、そう強く思いました。

経営者となった以上、誰もが自ら思い描く夢の実現に向けて頑張っていることと思います。しかし、塾長の教えを素直に受け入れ、実践することで自分が当初描いていた理想像よりも、はるかに素晴らしい会社に生まれ変わり、素晴らしい社員に恵まれ、また業績という成果にも恵まれました。塾長や社員に心から感謝すると同時に、自分のような人間がこんなに幸福でよいのだろうかと深く反省しながら、新しく組織された北大阪経営塾において代表世話人を務めさせていただいております。後から入られる新入塾生にも、自分の思い描く理想像以上の素晴らしい会社をぜひ実現してほしいと願いながら、毎月勉強会を継続しています。

「日本の企業は99％以上が中小企業。君たちが活性化しないと日本は良くならない。それが国益にもつながる」

塾長はかつてそう言われました。その考え方を北大阪経営塾は受け継いでおり、それを継続していく必要があると強く感じております。

私自身、盛和塾の機関誌は全て読み、塾長の書かれた本も全て読み、講話テープも全て聞いています。「フィロソフィ」の学びについては、盛和塾の中で誰にも負けない自負があります。2万人以上の塾生がいても「フィロソフィ」をしっかり理解できている会社はせいぜい2割、厳しい目で見たら1割程度でしょう。「フィロソフィ」は内容のレベルが高く、中小企業の社員にはとっつきにくいところもあります。

だからこそわれわれ中小企業の経営者が、自分の言葉で言い直すことが必要なのです。その言葉を見つけるために全ての学びがあると言っても過言ではありません。中小企業のわれわれにも分かる言葉を探さなければなりません。

盛和塾北大阪で塾長から受けた大恩を、現在ある北大阪経営塾での活動を通して後進の塾生に伝えること。それが塾長への恩返しになると思っています。

●「今の仕事で利益を出し、会社を伸ばしなさい」

飯田　泰敬（㈱LOOPLACE 代表取締役）

お客さまの困っていることを事業にし、お客さまのお困りごとを解決するために創意工夫を重ね、中堅企業に成長しつつある株式会社LOOPLACE。前身の株式会社成和を立ち上げた創業者、飯田泰敬社長は、代表とは名ばかりで、当初、一人親方の域から抜け出せず、経営はおろか、年配の職人との人間関係に行き詰まり、社内は混乱を来していた。飯田氏は「こんな会社なら、無いほうがいい」とさえ考えたという。そんなとき、経営を勉強しようと偶然手に取った本で、稲盛和夫塾長の経営哲学に触れ、目を開かれた。事業が好転しないときは何度も稲盛塾長の経営講話のCDを聞き直した。そこで得たのは、経営者として持つべき「利他の心」、そして感謝することを惜しまない心だった。

●「10年間やってきたのはいったい何だったのか」

自分で会社を興して10年が経つ頃、私はそんな悩みや苦しみのどん底にいました。会社の事務所に引きこもり、何をすればよいのかも全く分からずに、会社経営とは何なのかを自問する日々を過ごしていました。

16歳のとき、友人を頼って故郷の北海道・函館から単身東京に出てきて、建設現場の職人見習いとして就職しました。昔ながらの職人気質の親方に付いて5年間の下積みを経た後、21歳のときに独立して内装工事会社を作りました。その時は自分で責任を持って現場を管轄したいという強い思いはありましたが、独立については、特に深く考えた結果というわけではありませんでした。

飯田氏

●「職人の親方」だった創業期

一人で手間請け（工事の材料費を負担せずに、労務費だけで工事を請け負うこと）で仕事を請け負うことから始めました。小さな現場が主でしたが、夜間工事や突貫工事など、他の人がやりたがらないような仕事も率先してやりました。そこから職人を雇うようになりましたが、当時私は弱冠21歳の若さでしたから、周りは年上の方ばかりでした。仕事が終わると、職人を飲み屋に連れていってごちそうし、お金が無くなってくると、また必死に働くことの繰り返しでした。正直、創業から10年は、会社代表とは到底言えない状況で、職人の親方の域を出ることができませんでした。

工事規模が大きくなると、手当たり次第に職人に声を掛けていきました。当時の私は、まずは人を集めることしか頭にありませんでした。ただ、職人の中には、お金を稼ぐために働いている人もいれば、他の仕事が務まらなくて仕方なく働いている人もいました。遠い現場には行かない、駐車場が無いなら行かない、掃除はしない、もっと金を寄こせ、と山のように不満を言ってきます。

そんな本業とはかけ離れた職人からの不満に対応せざるを得なくなり、社内の収拾がつかなくなりました。彼らを束ねていく中で人間関係を築いていくことが一番大変でした。お客さまからのクレームの電話が相次ぎ、精神的にも参ってしまいました。

私自身、サラリーマン経験がなく、知り合いは職人ばかりで、経営の悩みを相談できるような方が一人もいない中で、経営について書かれた本を片端から読むようになりました。その中に稲盛塾長の著書がありました。一読して胸が熱くなり、涙が止まらないような感動を覚えました。

すでに他界していますが、幼少の時によく面倒を見てもらった祖父が熱心な仏教徒でした。毎朝、般若心経を聞かされ、生きる目的や魂を磨くこと、輪廻転生の話をよく理解もできないままに聞かされましたが、その教えと塾長の言葉がつながっていました。塾長は塾生を「ソウルメイト」と呼びますが、その言葉が心に響きました。この経営者から学びたい、勉強したいという強い思いが沸き上がり、盛和塾本部事務局に連絡し、入塾しました。

入塾したのは32歳の時でした。入塾してすぐの２００７年の塾長例会で、先輩塾生からの紹介を得て稲盛塾長に挨拶しました。最初に会った時は特に強い印象があったわけではなく、ごくごく普通の方というものでした。実際に接する回数が増えてくると、とても温かい方でしたが、考えもなく接すると非常に怖いときもありました。それでも私の中では、圧倒的に優しい方という印象が残っています。親父というより祖父のイメージでした。

塾長は塾生を「ソウルメイトであり、お互いに共感し合う仲間であり、それは会社の大小で変わるものではない。社員が5人でも10人でも、雇っているのは立派な社会貢献だ。企業の人たちを指導していくことが、日本経済、社会を良くしていくことにつながる」と話されていました。

入塾した当初、私は、自分の会社が零細企業であることが恥ずかしかったのを覚えています。それでも、上場企業の創業者が熱心に私を指導してくれ

企業データ

企業名●㈱ＬＯＯＰＬＡＣＥ
設　立●１９９６年
所在地●東京都千代田区神田神保町1－1－50 浦野ビル6階
従業員●35名
事業内容●築古ビルをはじめとした場の再生事業、リノベーション物件の売買・賃貸仲介等、店舗・オフィス・住宅デザイン・設計・施工各種専門工事

る、こんな恵まれた環境は無い、と心からありがたく思いました。塾長も創業者ですから、社員が数人の時から経営をしていらっしゃいます。いま自分がどういう状況、レベルにいるか、具体的なアドバイスをもらえたことは大きな励みになりました。入塾してから一年間は、全ての勉強会に参加しました。

勉強会を通じて、経営に対する考え方、努力、熱意、そして数字を追求しなければならないことも学びました。入塾当初の一番大きな気付きは、私自身の「心のあり方」が間違っていたということでした。社員に対して「してやっている」という気持ちがあったのです。稲盛経営哲学の「利他の心」があれば、相手のために尽くし切ること、自分自身が必死に働くこと、何を言われようが、会社を辞められようが苦しむことはない。それが本当に「してあげている」ということ、即ち利他の心だと気付くことができたのです。

皆のための会社を、皆のために立派にする。その信念がなければ、経営はうまく行きません。まさに塾長のお言葉にある「周囲の事象は全てわが心の反映」、その通りでした。

●会社にかかってきた塾長からの一本の電話

例会などで、盛和塾の周りの先輩方を見て、もっと会社を伸ばしたい気持ちが日に日に大きくなり、新規事業を考えるようになりました。加工賃だけの業態から抜け出すために、先行して営業部員や設計士を雇用し、より大きな受注を獲得したいと思いました。自分が変わらないといけない、と思うと同時に、本当にこの道で良いのかを日々悩んでいました。

悩みに悩んだ末、塾長にお手紙をしたためることにしました。塾長からすれば稚拙な相談だったでしょうし、塾長例会後のコンパが終わりに近付いたとき、ようやく手紙を手渡すことができました。するとある日、事務所に電話がかかってきました。「飯田社長はいらっしゃいますか」と聞かれた事務員は、一度営業の電話と勘違いして聞き直したところ、「京都の稲盛です」と返事が返ってきたそうです。

半信半疑で電話に出てみますと、まさに塾長でした。すぐにメモをとりながらお話しを伺いましたが、最後に「ありがとうございます」とお礼を言ったかも忘れてしまうくらい頭が真っ白になりました。頂いたお言葉は「事業を伸ばしていかなきゃいけない熱意は分かる。でもそれは今の仕事で利益を出し、その利益の中でやらなければいけない」ということでした。

今の仕事がだめだからといって、他の仕事でもうかる保障はない。まずは今の仕事で工夫をして利益を出し、その利益の中で事業の構造を変えるなり、人を増やすなりをしなさい、という指導でした。当時、私は建設業界の下請けだけで利益率10%を出すことは無理だと思い込んでいました。今変わらなければいけない。その気持ちが先行してしまい、経営の原理原則を無視していることに気付くことができました。塾長からのお電話は一生忘れることのできない思い出です。

●「絶対にあきらめてはいけない」

時は2008年9月のリーマンショック、既存事業の売上が激減し、とにかく売上を作らなければと躍起になっていた時でした。目先の仕事を確保することにばかり目が行き、収益を大きく落としてしまいました。原価割れの指値を提示され、それでよいなら仕事を発注すると言われた時は、本当に悔しい思いをしました。

そこからは、休日も昼も夜も関係なく働きました。健康ランドへの飛び込み営業や、仕事に結び付きそうな会社をネットで検索して、手紙を送ったりもしました。社内では「乾いた雑巾を絞る作戦」と称して、本当に狂気じみたところまで徹底的にやりました。

社員には会社の数字を全て公開しました。そして、「会社に一円でも残っている限りは給料を払う。だから頑張ってほしい」と伝えました。ですが、業況は好転せず、それどころかどんどん借入が増えていきました。数百万円の利益しか出ていないのに借り入れ額は一億円近くになり、一生返済できないのでは、と思える金額にまで膨らみました。破産するとどうなるのか、周りにどれくらい迷惑をかけるのだろうかと思いつめ、子どもの笑顔を見ると涙が止まらなくなったこともありました。

支えになったのは稲盛塾長の講話CDでした。「絶対にあきらめるな、明日会社がつぶれようが、会社の中では笑っていろ、絶対に暗くなるな」と勇気付ける内容です。そこだけ何回も何回も聞きました。

ＣＤを繰り返し聞きながらも、日々最悪な事態を思い、悩み続けていましたが、本当にダメになったら、皆には申し訳ないがその時は休めばいい、その時が自分の休む時だ、と気持ちを切り替えてからすごく変わった気がします。それまでは後ろ向きな気持ちでいっぱいでしたが、それを機に前向きになり、仕事がうまく回り始めました。社員一丸となって、というような格好良い話ではありませんが、危機的な状況の中で全員で必死になって頑張ることができました。

●売上ではなく利益の確保、そしてお客さまに喜んでもらえる仕事

そんな時あるビルのオーナーさまから仕事を頂くことができました。小さな仕事でしたが、必死になって取り組み、少額ながらも利益を残すことができました。依頼された仕事が終わり、オーナーさまから「ありがとう」と感謝の気持ちを伝えられたときに、目先の仕事ばかりを確保しようとしていたことの間違いに気が付きました。

それからは、たとえ小さくてもうちの会社に頼んでいただいた仕事、相手が困って依頼していただいた仕事に注力しました。特に繁忙期などは、損得勘定を一度脇に置いて、相手が困っていることに対して会社としてどのように応えることができるかを考えるようにしました。

その結果、売上高は若干落ちたものの、創業以来最高収益となる２２００万円を出すことが

できました。利益で言えば、前期から4900万円もの改善を果たすことができました。売上ではなく利益の確保、そしてお客さまに喜んでもらえる仕事。その中で、価値は自分たちが決めるのではなく、お客さんが決めるのだ、と考えを改めました。

社員に向けては、稲盛塾長から学んだことを一度自分で咀嚼《そしゃく》し直して文章にしたためました。何回も読み直し、書き直したものを社員の前で読み上げました。その後に会社の財務諸表を皆で共有し、盛和塾の機関誌の勉強会も行いました。勉強会で学ぶことの中には、必ず現場で当てはまることがありました。その後は、コンパで勉強会を通じて得たこと、そして、最近の仕事を通じてどう生かすことができるかを発表し合いました。時に、激しい口論になったこともあります。社員からもっと人の話を聞いたほうがよいと指摘されたこともあります。経営者としての気付きも多くありました。

入塾してからこれまでの時間を振り返ってみますと、ただがむしゃらに頑張ってきたら、次第に塾長の言われることがより深く理解できるようになりました。当初は10%の利益を出すことは不可能だと思っていました。ならば事業構造を変えないといけないと奮起し、他の同業者がやらないことを事業に加えました。建築業界や下請けの業務には、こういう仕事の仕方をすればもっと良くなるのにという気付きがたくさんあります。その気付きを大事にして、お客さまのお困りごとを事業にすることができないか、と考えました。

2016年に参入した不動産再生事業では、例えば、建物オーナーさまは保有資産のリノベーションをすればテナントやお客さんを呼び込めるにもかかわらず、そのための資金が無かったりします。資金集めに困っている方がたくさんいるのです。そこで、リニューアル費を無料にするにはどう組み立てればいいかと考え、オーナーさまから借上げてその差益でリニューアル費を捻出する。業界の常識で考えてみれば常識破りなアイデアかもしれませんが、やってみる価値はあると考えています。実際に検討してみると、収支の問題はありましたが（笑）。

２０２０年１月には社名を創業時の「成和」から「ＬＯＯＰＬＡＣＥ」に改称しました。ＬＯＯＰＬＡＣＥとは、ＬＯＯＰとＰＬＡＣＥを組み合わせた「場作りを通じて、良い循環を生み出す」という意味の造語です。

弊社の事業は２０２１年２月期で売上が23億6千万円、経常利益が３億８千万円で社員が35人の態勢になっています。そして今、株式上場の準備をしています。企業の使命としている「働く場を、好きな場へ。」の働く場とは、お客さまだけでなく、社員自らが自分たちの仕事をする場所や環境という意味も含まれています。共に働く仲間、家族の幸せのため、そして関わる全ての人の喜びのために、さらなる成長を目指していきます。

㈱LOOPLACEの社員と共に
飯田氏（左から2人目）

●「こんなに一生懸命になれるなら、そのエネルギーを経営に生かせ!」

小原　繁（㈱オハラ　相談役）

石川県で60年以上にわたり、こんにゃくの製造販売をしている株式会社オハラ。小原繁氏の父親が創業し、こんにゃくだけでなく、ゼリーやプリンなども製造するようになった。家業を継ぐことを拒んでいた小原氏だが、外でさまざまな活動に精を出し、その末に夢破れて実家にたどり着いたのだという。しかし、父親とはことごとく意見が対立。特に1996年の中国進出では、父の猛反対に遭う。盛和塾に参加していた小原氏は、この中国工場設立の際に稲盛氏の意見を聞くため、経営問答の場に出席。進出を後押ししてくれるような力強い言葉を期待して、塾長との対話に臨んだのだが……。

●大船に乗ったつもりでいなさい

私は大学を卒業した後、民間のボランティア団体でインドでの井戸掘りなどの活動に従事していました。家業であるこんにゃく屋に対して反発を感じていたせいもあるのでしょう。毎日仕事を終えると疲れきっていた父と母の姿を見ていて、こんにゃく作りに将来性も感じられず、そのため家を継ぐつもりはまったくありませんでした。

ただ、意義を感じていたボランティア活動にもいまひとつ熱中できず、結局は家業を継ぐために家に戻ったのです。

戻ってみると、やはり父の経営姿勢は受け入れられません。私なりに新しい試みを打ち出していきます。例えば、それまでは遠い群馬県から仕入れていたこんにゃくの原料を、できるだけ近くから仕入れる道筋を作ったり、ニーズに合わせたアイテムを開発したり、いろいろと手を広げていったのです。

小原氏（左）と稲盛氏（右）

盛和塾に入ったのは、家に戻ってすぐの１９９３年のことでした。ある方の紹介で、盛和塾石川がスタートする際に参加させてもらいました。実を言いますと、この時には稲盛和夫さんのことも知らなければ、もちろん盛和塾のことも知りませんでした。ただ誘われるままに参加しただけでした。

盛和塾石川には50人ほどが参加しましたが、ＪＣ（青年会議所）の方々が中心でした。そこに、私のように小さな会社の、右も左も分からない者が混じっている状態です。当時は、石川県に限らず、盛和塾そのものの参加者も少なくて、稲盛塾長と直接お話する機会もありました。私も、入塾した動機などを話した覚えがあります。

その時に塾長が言われたことは、はっきりと覚えています。

「盛和塾に入ったら、全てが上手くいくので、大船に乗ったつもりでいなさい」

それに対して、私はつい「努力しなくても上手くいくのですか？」と尋ねてしまいました。それに対して塾長は「盛和塾の雰囲気になじめば、絶対に良い方向にいく、だから必ず上手くいく。心配することはない」と答えてくれました。さらに付け加えた「安心せえや」という言葉に、非常に力強いオーラを感じました。これが最初に塾長から受けた印象です。

●反対を押し切っての中国進出

すでに、こんにゃく業界も市場規模が小さくなっていて、一方では過当競争が激しくなっていました。とくに価格破壊が厳しく、１９９０年代半ばには1年で卸値が3割ほど安くなったりしました。

倒産する同業者も多く、私も生き残りをかけて、いろいろな手段を模索する毎日でした。そうした中で、私は中国での工場設立を決めます。初めは原料を生産する工場を作り、それから製品の製造工場を作りました。

すでに病気がちだった父は、原料工場には反対しませんでしたが、製品の製造工場には猛反対でした。今にして思えば、失敗しても弁済できる規模なら許すということだったのでしょう。私としては、この中国での工場が現状を打開する唯一の方法だと考えていて、父の意見を聞き入れる耳は持っていませんでした。

この最初の工場設立と相前後して、稲盛塾長との経営問答をさせていただけることになりました。１９９６年のことです。

すでに心の中で決めていることではありましたが、塾長に背中を押してもらえることを期待しての問答参加でした。中国の田舎に工場を作ることで雇用も生み出すし、日中のつながりも深められる。後になって薄っぺらだったと反省することになるのですが、それこそ塾長の言われる「世のため人のためになる商売」だという自信もありました。

企業データ

企業名●㈱オハラ
創立●1959年9月
設立●1978年4月
所在地●石川県金沢市柳橋町甲14－1
従業員●77名
事業内容●くずきり、ゼリー、プリン（チルド・常温）、水ようかん、各種農産物一次加工（さつま芋ペースト等）、こんにゃく（低糖質こんにゃく麺、米こんにゃく、粒こんにゃく）の製造販売業。くずきり、ゼリー全般、プリン全般、水ようかん、こんにゃく、農産物一次加工のOEM生産・製造業

問答では、中国への進出、原料だけでなく製品製造まで行うこと、そうしたプランを説明しました。もちろん、非常に前向きなアドバイスをいただけるものと期待してのことです。

ところが、稲盛塾長は私の話を真剣に聞いて下さり、いくつか質問をされた後、「うーん」とうなって沈黙してしまったのです。

時間にすると30秒ほどだったと思いますが、私としては1時間ほどにも感じられました。そして、この沈黙で、私には塾長が反対しているということが分かりました。

「どうせ決めとるのやろ?」

「はい」

「なら、しゃあない。くれぐれも注意してやるように」

そのようなやり取りで終わっています。

盛和塾の機関誌には、その後のやり取りも掲載されていますが、実はこの時の問答で、私は頭の中が真っ白になってしまい、ほとんど塾長と対話をしていません。機関誌でのやり取りは、他の人たちの対話の部分も生かして、作られたものなのです。

それほど、塾長の沈黙が、私にとってはショックでした。父もずっと反対していました。塾長も同じでした。

それでも、私には勝算がありましたから、あえて突き進む道を選択したのです。結果は……見事に大失敗。8年間で、1億4千万円の損失となったのです。

●意地で引き時を見誤る

この中国進出は、弊社だけではなく、日本側は4社が参加していました。中国で蘭の栽培していた会社がトップにいて、すでに中国に工場も持っていました。そういうこともあり、「いける」と感じていました。

ところが、いざ工場が稼働してみると、計算通りにいかないことばかりです。日本の工場は長年の蓄積があるので当たり前のように行っている業務が、ノウハウがないため、ロスが大量に出てしまったのです。

「こんなはずではなかった」と常に思いながら、それでも何とか工場を動かし続けましたが、増えていくのは赤字ばかり。ついには、中国の方から借りたお金がいつの間にか会社の資本金になっていて、会社そのものが中国の合弁会社になってしまいました。その後は、私たちが別会社を作って、この工場を借りて製造するという形になったのです。

中国からの撤退時はもっと前にあったかもしれませんが、意地が邪魔をしたのは確かです。すでに亡くなっていましたが、父の反対、それに稲盛塾長の意見も押し切っての中国進出です。いまさら、おめおめと帰れるか、そんな思いでした。

私がたびたび中国に行っていたため、日本の会社もぎすぎすした雰囲気になってしまい、そのことを強く感じるようにもなっていました。7年を経た時に「もう、やめよう」と決心しました。ある瞬間に、そう思ったのです。

これが2003年のことで、その後、残務処理にずいぶんと時間がかかりました。

●理念なき経営では伸びていかない

私のところは、かなり早くからアメーバ経営を導入していたのですが、会社経営には、やはり「理念」が必要だと思い知り、改めてフィロソフィの作成にも着手しました。

中国進出も含めていろいろと右往左往してしまったことで、理念が足りなかったと反省したからです。特に、そのことを痛感したのは、2008年に起きた労災の時でした。従業員の女性が機械に挟まれて大ケガを負ったのです。会社全体が揺らいでしまい、「社長がこんな仕事をさせるからだ」という意見さえ出ました。

この女性は、運良くケガが癒えて復帰できたのですが、この時の経験から「何のために仕事をしているのか」を考えるようになりました。会社のこと、仕事のことなどを見つめ直すようになったのです。

オハラの理念をつづった理念手帳は、現在まで3回書き換えています。その都度、自分たちのことを見つめ直すことができ、ずいぶんと助かっています。

あるクレーム問題が起きた際、理念の重要性を強烈に感じました。

私の会社は、ある全国展開するコンビニエンスストアにさつまいもを加工した製品を納品しています。そのさつまいものペーストから、微量の金属粉が検出されたことがあったのです。この製品はソフトクリームに使われていました。人体には被害が出ないほどの量ですが、調べてみると、確かに検知されていました。

その報告を受けた時、私は迷わずに、コンビニエンスストアに知らせようと思いました。いわば「自首する」ということです。全社員の前でそのことを告げると、社員もまた同意見でした。

コンビニに報告すると、対応次第では、もしかすると全品回収や社告をしなくてはならなくなります。そうなると1億円を超える損失につながるかもしれません。うちの屋台骨を揺るがす大問題です。しかし、その危険があったとしても、正直に言うべきだと思ったのです。

これは理念手帳で会社の理念を、常に意識していたためでしょう。社員もそのことを理解してくれているようでした。

そうして金属粉の混入について報告すると、コンビニ側からは「そこまで気にしなくても」と言われました。うちの理念として頬かぶりするわけにはいかないということは、きちんと説明しました。

結果的に、すでに販売している商品はそのままにして、在庫の分は回収、それで損失は6千万円ほどになりました。これもまたかなり厳しい数字ですが、持ちこたえられないことはないと判断しました。むしろ、このことで品質管理のレベルが上がったことと、コンビニエンスストアとの信頼関係がより強くなったというメリットがあります。

このことは、理念作りをきちんと行ったおかげだと言えますし、盛和塾での学びのおかげでもあります。

もう一つ、塾長からの「お叱り」について、こんな思い出もあります。

ある年、石川県で塾長例会が催されました。ホストとなる県は、歌や踊りなどを披露してもてなすのですが、この時は和太鼓、よさこい、ムーンウォークの3つに分かれて、演じ物を用意したのです。

私は和太鼓班で、20人ほどのメンバーが参加しました。石川県に伝わる和太鼓を、本職の方からレクチャーしてもらい、半年にわたって毎週日曜日に稽古を行いました。

手に豆を作って、みんな真剣に取り組んで、本番でも見事に演奏できました。それを見た塾長もすごい拍手をしてくれました。そして、こう言われたのです。

「すごい迫力やな。こんな太鼓、初めて見たわ」

お褒めの言葉に私たちは気分が良くなりました。すると、こう続けられたのです。

「お前ら、こんなに一生懸命になれるなら、そのエネルギーを経営に生かせ！」

さすがは塾長、私たちを簡単には有頂天にはさせてくれないようです。

●「あなたの会社は最も原始的な資本主義の形態やな」

井関　新吾　㈱井関総合経営センター　代表取締役社長

井関新吾氏は、井関公認会計士事務所を母体とする井関総合経営センターの社長である。盛和塾に入塾しようとした時、初めは「当塾は経営者が対象で、会計士の入塾例はないので」とやんわりと断られたという。しかし、井関氏の事務所は当時まだ規模は小さかったが会社であり、従業員もいた。

開業してから十数年を経て人も増え、井関氏は経営者としての悩みも抱えていた。それだけに、ぜひとも入塾して稲盛和夫塾長の教えを請いたかったのである。

そんな入塾への思いをとうとうと語ったところ、井関氏の熱意が通じたのか、数カ月後に入塾が許された。

開業以来、井関総合経営センターの売上は年率10～15％増と確実に伸びていた。そのため、会社の外からは順風満帆に見えたかもしれないが、実際には、社内の雰囲気は決して良好とは言えなかった。それが井関氏にとって、最も大きな悩みだったという。

入塾してすぐに、経営問答で稲盛塾長に悩みを打ち明け、相談する機会を得た。井関氏はそこで、考えあぐねていることを率直にぶつけた。

それに対する稲盛塾長の回答は、本質を突いた厳しい指導であった。

●盛和塾では異色の「会計事務所」としての入塾

私は、もともと天風会（1919年に中村天風により創設された公益財団法人）に入っていました。中村天風先生のお話は深遠で、とてもためになるのですが、経営者のみを対象としていないためか、入会して8年ほど経った頃には、実際の経営にどう落とし込んでいけばいいのだろうか、と悩み始めていました。

1998年、3泊4日の夏季修練会に参加した帰りの電車の中で、天風会の会員の方たちが盛和塾の話をしているのが聞こえました。京セラ株式会社の創業者、稲盛和夫さんが運営していらっしゃる塾で、若手の経営者を多く育成している「すごく、ええ塾や」と。一人が「入りたいな」と言うと、「あかんあかん、簡単に入れないで」と別の人から言われていました。その時初めて、盛和塾の存在を知ったわけです。

盛和塾の噂を偶然耳にしてから、すぐ後のことです。DDI（第二電電、現在のKDDI）の電話機のアダプタを取り付けに来た作業員の方に、「もしかしてお宅さまの社長は盛和塾の塾生でいらっしゃいますか」と尋ねてみました。するとその方は、

「私はよく知らないので、社長に聞いておきます」

そう言って帰っていかれました。やはり入塾は難しいかな、と思っていたところ、しばらくすると盛和塾の資料が届きました。即座に盛和塾の事務局に電話をした結果、前述のとおり入

塾を許されて入ったわけです。

●「残業を認めない主義」での会社経営

稲盛塾長と経営問答の機会が得られましたのは、その入塾の翌年のことです。当時、私が最も悩んでいたのは、社員との距離の取り方についてでした。

稲盛塾長について書かれた『ある少年の夢―稲盛和夫創業の原点』（加藤勝美著、出版文化社刊行）という本があり、そこに会社のトップである稲盛塾長と従業員とのエピソードが描かれています。

「コンパの席上、塾長が焼酎を注いで回って、みんなで肩を組んで飲み、かつ歌う」

それを読んだときに「うちの会社とは全然違うな」とうらやましく感じたものでした。私自身、一生懸命に仕事をしてきたつもりですが、当時は、従業員との関係がどうもぎくしゃくしていました。従業員との関係性こそが、うちの会社の課題だと思っていました。

盛和塾塾長例会にて
井関氏（左）と稲盛氏（右）

会社を始めて10年以上が経っていましたが、私は社員に残業をさせない主義を貫いていました。これは開業する前に先輩の会計士さんからアドバイスを受けていたことが理由でした。

そのアドバイスは「事務所を運営するには、少数精鋭にして密度の濃い仕事をしないといけない」「従業員には勤務時間内で仕事を終えるよう指導をし、残業もさせないようにする」などで、それらのことを実直に守っていました。

時にはもちろん、残業しなくてはいけない場合もありますが、そんなときも従業員は午後5時に帰して、私一人が事務所に残って夜中まで仕事をしていました。

従業員から進言をされたこともありました。たとえば、お客さまから「夕方に来てほしい」と頼まれたり、「明日の準備が勤務時間には終わらなかった」など、どうしても残業しなくてはならないときもある、と。そんな場合には残業したい、と従業員の側から進言してくれていたのです。

でも、今から思うと私の頭が凝り固まっていたのでしょう。自ら残業したいと申し出てくれた従業員に対し、当時の私は「昼間の段取りが悪いから、勤務時間内に終わらないんだ」と言っていました。「初めから日程も分かっているのだから、前もって準備をし、昼間のうちにやればできるはずだろう」と。勤務時間の生産性を上げ、残業なしで仕事をさせようとしていたのです。

今だったら何て強欲な考えだろう、と思いますが、その頃はそれが正しいと信じていました。

何はともあれ、当初は会社全体の売上、利益を大きくすることだけを考えていました。余計な残業代を支払うのはもったいないと思っていたからです。その代わり、1人当たりの人件費は同業者の平均よりも高くしていました。給料が高いのだから、その分、仕事は時間内にしっかりやってもらおう、そのような考え方だったのです。

会計士という職業柄、私は数字に強いので、従業員にはついつい厳しく指摘してしまいます。数字が間違っていたらビシッと注意しますから、経験の浅い者や多少能力の劣る者は、付いていけないと感じてしまったかもしれません。当時退職する従業員は多かったのです。「これはまずいな」と思ってはいましたが、どうしていいか分からないところもありました。

塾長との経営問答では、そのことを正直に尋ねました。特に残業については「一人でも残業を認めてしまうと、これまで築き上げてきた生産性が崩れてしまい、残業代稼ぎをするような者も出てくるのではないか」「入力をパートさんに任すなど残業をしない方向で、さらに売上を伸ばしていく方法を模索すべきかどうか」など、細かな質問をいくつかしました。

企業データ

企業名●㈱井関総合経営センター
創業●1986年
所在地●大阪府藤井寺市古室1－8－11
従業員●40名
事業内容●税務会計、財務コンサルティング、資産税対策、会計監査

●塾長の厳しい言葉で、目が覚めた！

私の質問に対する塾長の回答は、予想以上に厳しいものでした。指導されたときは、恥ずかしく、頭の中が真っ白になってしまい、具体的にどのようなことを言われたのかを覚えていないほどでした。

会社は、開業から十数年、年商1億2900万円ぐらいの売上もあり、経常利益は10％程度を出し続けていましたし、少しは褒めてもらえるかなと甘い期待を抱いていたのですが、まったく逆で、言葉は優しかったですが厳しく叱られました。

塾長のコメントは15分ほどの短いものでしたが、私自身気付かない問題の核心まで、ズバッと突いてこられたという気がしました。返す言葉が一言も無く、ただただショックを受けていました。

塾長からは「あなたの会社の構造は、最も原始的な資本主義の形態やな」と言われました。それは、従業員について「経営者と使用人」という古い体質で捉えているためだから、ということでした。その考えが対立を生む原因であるとのことでした。

塾長はこれを改善するためには、社長も社員も全員が共同経営者である、という意識を持ち、「あなたは神輿から降りて、共に神輿を担ぐ」というパートナーシップで仕事に当たれば、自ずと問題は解決するとも仰いました。

残業についても、「自社のことばかりを考えて、お客さまの方を向いていない。何のために事業をしているのか」と指摘されました。つまり、社員全体がプロの集団となり、定時で帰ろうが残業をしようが、あくまでお客さまの要求に応えることが中心になるはずだ、と。もしも、お客さまが夜中でなければ時間が取れないとすれば、その時間に合わせるべきであり、それがプロの仕事である。社員全員が使命感を持って仕事をしなくてはならないし、それに応じた給与体系にすべきだという内容でした。「井関さんが本気で会社を良くしたいのなら、やはり方針を変えなければならないでしょう」と仰いました。

問答の直後、大きなショックを受けたからか、私はよほどしょげているように見えたのでしょう。

経営問答の後の懇親会の席で食事をしていたところ、同じテーブルの目の前の席に塾長がいらっしゃいました。横浜での例会だったのですが、私は翌日に仕事が控えており、懇親会を中座し帰阪する必要があったため、塾長にご挨拶に行きました。

すると塾長は5秒ほど目をつぶって、「今日はごめんな」と仰ったのです。

「いえいえ、私のためを思い、本質的な課題をご指摘いただき、本当に感謝いたします。このことを自分自身よく反省し、しっかり考えて経営の方針を変えます」と答えますと、うなずかれ「よく考えてな」と言われました。少し心が救われたのを覚えています。

でも、あの時の塾長の厳しいご指導があったからこそ、私も目が覚めたのですから、愛情のこもった厳しさはとても大切だと思いました。

●すぐさま変革に手を付ける

私は一旦決断したら、実行するのは早い方です。問答の翌日、社員を全員集めて、「これまでの私のやり方が間違っていた」と謝りました。

塾長に叱られた言葉の中でも、「従業員を手足のごとく使っている」という一言は深く胸に突き刺さり、そこが一番恥ずかしいところだと思ったからです。

「これからはパートナーシップ経営に変え、みんなには共同経営者としての意識を持ってもらう。いろいろと相談にも乗ってもらうつもりだ」と話しました。

社員も、初めはびっくりしていたようです。にわかには信じがたいという顔付きでした。私も、とにかく必ず変わるから信じて付いてきてほしいと話しました。

それ以降、残業は解禁、あらゆる情報をオープンにして共有することに努めました。特にリーダークラスの社員には何でも相談するようにしました。経営数字も全員に公開し、ガラス張りの経営を心掛けて、隠し事は一切なくすようにしたのです。

社員との付き合い方も変わりました。私はお酒をあまり飲みませんのでコンパは苦手でした。でも、機会を設けて行うようにし、今ではコンパはしょっちゅうやらせてもらっています。また、毎月の社員誕生会、年に一度の慰安旅行も実施するようになりました。そういう場では社員と一緒に遊ぶようになりました。

そうした心掛けが功を奏したのでしょうか。社内の雰囲気は随分と変わったように感じています。私と社員とのギクシャク感はなくなり、また社員同志が助け合うようになったのは大きいと思います。それまでは「私対社員」の関係で仕事が進められていましたが、みんなで会社を良くしようと考えるようになりました。

営業も、以前は私が中心に行っていましたが、今はお客さまからのご紹介がメインで受注を社員が受けることが増えています。

雰囲気が変わり始めたのは2年目ぐらいからでしょうか。ただ、トップダウンの方が早く決断できるため、どうしても私が主体で決めてしまうこともあり、宣言どおりの変革が浸透するまでには、10年ぐらいかかったかもしれません。

そうした変革の過程で、別に一度、塾長に新たな事業の立ち上げについて相談したことがあります。二代目経営者たちはいろいろと悩むことが多い。そうした経営者の悩みを何回か聞くにつれ、例えば電話やメールで相談に乗るような、いわば簡易でプライベートなコンサルティングのようなことができないかと考えたのです。これは会計事務所とは別の業務になります。

この時は、塾長は一瞬で「本当に経営が良くなるようなコンサルでないとあかんな。浅いようなコンサルなら止めたほうがええ」と言われました。否定はしないけれど、本気で取り組みお客さまの経営が良くなるようでないと手を出さない方がいいということでした。

当時自分の経営方法に多少自信が出てきた時だったので、この一言で再び自分の足元を見つめ直すことにしました。ただ、今から思うと、いろいろチャレンジしたい時でしたが、塾長に相談したのは、できるかどうか不安だったからだと分かります。また、本当にお客さまのためになるかどうか、その点も見抜かれていたのではないでしょうか。

いくら時間がかかっても、いつかは必ず塾長の考えの本質にたどり着きたいと思っていました。頭で理解できていても、心では分かっていない。従業員への感謝の気持を、心底感じられるようになるまでには、随分と時間がかかりました。

世のため人のために尽くす、その気持ちが心の中から湧き出る状態でなくてはならない。そうでなくては、本物にはならないのです。経営哲学イコール人生哲学。先ずは正しい人生観を持つことが大事だと、ようやく分かってきました。

最近では、妻や従業員から、「随分変わったね」と言われるようになりました。また、経営成績も入塾時と比べ売上は5倍、経常利益は20倍にまで成長することができました。

恥ずかしくない経営、筋の通った経営をしていたら必ずうまく行くということを、実感として感じられるようになり稲盛塾長の教えを心の底から信じられるようになりました。

万が一、うっかり判断ミスをしたら良いかっこをせず「ミスをした」と言えばいい。そして正しい方向へと修正すればよい。経営者は神様ではないと思えるようになったのです。それによって気持ちが随分と楽になったことは確かです。

稲盛塾長から、従業員の人たちと一体感を持つ経営の楽しさをご指導いただきましたことは、私の一生の宝であると本当に心より感謝しております。

●「この山を登り切ったら安心というのは一生あり得ない」

平野　義和（ヒラノ商事㈱　代表取締役）

「本来ならつぶれていなければいけない会社」

それが稲盛塾長からの第一声だった。ヒラノ商事の平野義和社長は、当時、本業の自動販売機オペレーター業に加えて次の事業の柱を作りたいと考えていた。進出した新規事業の方向性に指針を示してもらうことを期待し、2002年の関東地区塾長例会（千葉県木更津）で発表したが、塾長に根底から否定された。

平野氏は、その指導を境に一念発起し、アメーバ経営で経営管理を徹底的に遂行し、売上を倍増させた。塾長から指導された恩を少しでも返せるように、経営者としての「志」を体現していくことを誓う。

●稲盛塾長との出会い

1994年のことです。ある経済誌の編集長から「日本の経営者で稲盛和夫氏の右に出る人はいない」と聞き、稲盛塾長の講演をぜひ聞いてみたいと思い、チケットを頂きました。テーマは「人生と経営」でした。それまで、いろいろな経営塾の勉強会で講演を聞いても心に響かなかったのに、塾長の言葉はびんびんと響いてきました。とても高い次元のお話しでしたが、それまで悩み苦しんでいたこと、求めていたことに対する回答が分かりやすく述べられていて、心に染み通るように入ってきました。

その後、塾長のご著書を読ませていただき、塾長のお話しを聞ける勉強会がないかと探していましたところ、翌1995年に私の地元の千葉に盛和塾が開設され、すぐに入塾しました。

私は小さい頃、劣等感の塊でした。貧乏でしたから、小学4年生ごろから新聞配達を始めました。親が離婚し、家の収入も少なかった。地元木更津の高校を卒業するまでに、牛乳配達や春夏冬の休みの時には、運送屋でもアルバイトをしました。一所懸命稼いだつもりでしたが、授業料の未納や遅滞の常習者でした。

平野氏

そのような幼少期、青春期を過ごしたためか、周りからは貧乏人のレッテルを貼られ、劣等感を持ち続けていました。矛盾だらけの世の中で何が正しく、間違っているのかが分からなくなることが多々ありました。ただ、一方で「世の中はそういうものかもしれない」と決めつけていたところもありました。

●真面目に正しいことをやる人間が報われる

そんな中で塾長の一言一言を震えるような思いで聞きました。入塾してまもなく塾長から「うまく行かないのはお前の努力が足りないからだ」と言われました。これまでに聞いた経営指導とはまったく違うご指導でした。塾長は「やはり真面目に正しいことをやっていく人間が報われていくのだ。まだ結果が出ていないのは努力が足りないからだ」と自らを戒めておられ、心から感銘を受けました。

弊社の事業は自動販売機（以下、自販機）オペレーター業です。もともと私は新日本製鉄株式会社（以下、新日鉄）を24歳の時に脱サラして、お茶や健康食品、健康器具などを東京から東北まで販売に行きました。しかし無計画で失敗の連続でした。元手の200万円も底を突きました。その時に、友人から魚市場のアルバイトと共に、自販機の中身を詰め替える仕事を紹介してもらいました。

27歳の時に、このビジネスを必ず形にしようと決心しました。午前中は魚市場のアルバイトで6万円を稼ぎ、午後から自販機の設置場所を探すために無我夢中で営業しました。古巣の新日鉄の独身寮に頼み、置かせてもらいました。それから、運転資金200万円を借り入れしてプレハブを建て、アルバイトも辞めて本格的にこの事業1本に絞りました。

創業1年目は売上1000万円、法人登記した1980年は6500万円、5期目は

1億9000万円、10期目は6億4000万円、15期目は10億4000万円と着実に伸びていきました。木更津で年商10億円といえば、それなりの規模の会社になります。ただ、この頃は、経営者としてあるべき姿などは考えられず、「会社らしくしよう」という気負いがありました。

社員がどんどん増えていく中で、彼らにしっかりと給与や賞与を支払うという責任の下、お客様を守り、増やし続け、会社を存続させることに必死でした。そのために、会社の規模を大きくしなければ生き残れないと、飲食・レストラン経営や、ファックス通信の新規事業にも着手しました。会社と社員の生活を守り続けるには、別の柱も必要と考えたからです。

ただ、一方で人材育成がおろそかになりました。一時期は社員が入っては辞め、入っては辞めの繰り返しでした。本業の自販機オペレーター業にも集中できず、利益も大幅にダウンしました。会社として極めて危険な状態にあり、葛藤していた頃です。

企業データ

企業名●ヒラノ商事(株)
創業●1977年1月
設立●1980年4月
所在地●木更津市潮浜1−17−106
従業員●90名
事業内容●自動販売機トータルオペレーター。清涼飲料水、牛乳、たばこ、カップメン、その他関連商品の販売

●木更津のシッチャカメッチャカおじさんから、緻密な事業家へ

２００２年の関東地区塾長例会（千葉県木更津）の体験発表では、新規事業や経営の指針について迷っていたこと、気になっていたことを質問させていただきました。稲盛塾長からの第一声は厳しいご指摘でした。

「今までのやり方では、本当はつぶれていなければいけない会社だったが、神様の助けがあって今まで生かされている。塾生の皆さんにとっては、やってはいけない手本のようなもの。シッチャカメッチャカな経営。緻密さも計画性もない事業経営です」

リーダーシップについても、ただただ社員に厳しくしてきたこと、そして、「過去に退社した社員を思うと、自分の夢のために犠牲にしてまったのではないかと罪の意識にさいなまれることがある」と発表したことについて、塾長は「そのことに気付いたときに、許される」と言われました。

続けて「リーダーシップには、厳しさ、勇気がいりますが、根底には愛がなければならない。愛の伴わない厳しさはマイナスに働きます。本当に社員を思い、包み込んであげる愛がなければなりません」とご指導くださいました。また、新規事業を一度見直し、人材育成にこそ注力することを厳命されました。

体験発表後の食事会の時には、「まだ売上も少ないのだから、今は一つのことを極め本気で

やる時」とアドバイスをいただきました。さらに「あなたには正義感もある。リーダーシップもある。勇気、情熱、そして勝ち気さもある。持っていないのは、緻密な企画力です」、「私の言ったことを一つひとつ形にしていけば、木更津のシッチャカメッチャカおじさんではなく、素晴らしい事業家になれる。頑張ってください」とも言われました。

その教えに忠実に従い、新規事業へのリスクのある投資はやめ、飲食・レストラン経営も採算が合わない店舗は閉鎖しました。数千万単位での損金が出ましたが、本業に集中する体制がようやく固まりました。

体験発表後に故福井誠顧問のご配慮で、アメーバ経営のコンサルティングを受けることができました。導入経費はどれくらいかかるか、自社でできるのかなどの懸念はありましたが、「この時を逃してはならない」と覚悟を決めました。当時、社内の業務は問題点ばかりでした。社員一人ひとりのヒアリングから始まり、重要課題の抽出、経営管理マニュアルの作成、プロジェクトチームの編成などの事

2002年、関東塾長例会体験発表後に
平野氏（左）と稲盛氏（右）

業計画を実施していきました。

アメーバ経営で目指すのは、リーダーの育成、そして社長の考え方を理解する「分身」をつくること、全員参加の経営を実現することです。そのご指導の中で「勝負を決めるのは人間の心であり、気持ち」、「部下との信頼関係を深め、信じ合える仲間を増やしていくこと」を肝に銘じ、実行していきました。

●塾長の指導がなければ120%倒産していた

すると会社が少しずつ変わっていくのがはっきりと分かりました。営業部が不思議なくらい良い数字を上げるようになりました。社内のムードも前向きになり、オペレーター業務を担当している社員も競合他社と闘う意識が高まってきました。

ただ、アメーバ導入時は社員から「こんな大変なことをやるのか」と不満の声があったことは確かです。営業先から会社や営業所に帰ってきましたら、飲料を入れたケースの中身を一本単位で確認します。毎日数が合っているかどうかを数える棚卸し作業ですから、むろん時間もかかります。長時間残業に厳しい目がある今でしたら、厳しく糾弾されていたことでしょう。

ある事業所では、7人のうち5人が辞めてしまったこともありました。

その他にも色々なアクシデントがありました。苦境の中で、「ずさんな経営そして、業界全体でおろそかになっている慣習をどうにか変えよう」と説得しました。勝ち残り、より良い会社にするためには通り抜けなければならない我慢の時期と受け止め、何とか進めていくと、風向きが変わったように良くなっていくのが分かりました。

全社を挙げて本気で真剣に仕事を実践すると、本当に奇跡のようなことが起きるのです。1992年に完成した本社屋の土地建物4億2000万円は当初20年かけて返済する予定でしたが、11年と8カ月に繰り上げて完済できました。盛和塾で体験発表をした2年後には、経常利益を2800万円まで戻すことができました。関東塾長例会がなければ120%の確率で倒産していたと思います。

アメーバ経営と両輪であるフィロソフィについても、事業発展計画書の中で、塾長の言葉を引用させていただいています。自分としても、フィロソフィをきちんと社員に伝えているか、正しく社員に伝わっているかを常に疑いながら事業を続けていくことが肝心要だと今も思っています。

●「俺たちはソウルメイトだ」

塾長との個人的なエピソードは、他にも数多くあります。塾長は入ったばかりの多くの塾生と名刺交換をされます。ある時、「覚えていられないのでは」と申しますと、「くだらない下心をもっていて盛和塾をただ利用する人、純粋に真剣に経営を学ぼうとする人はすぐに分かる」と答えられました。塾長は一瞬のうちに人を見抜かれる経営者です。またある時は、塾生らと共に空港で出発時間を待っていると、塾長が急に横に座られて肩を組んで来られ、写真に収まるようなこともありました。

思い出深いのは、2005年の盛和塾ニューヨークの開塾式での講演会後に、塾長から「飯を食いに行くぞ」と誘われたときのことです。その場にいた塾生10人ほどが、どんな場所に連れていってもらえるのかと期待していますと、塾長が入ったのはどこからどうみてもカジュアルな和食のフードコート。そこで塾長は、好物の牛丼と素うどんを注文し食べ始めました。ところが私の注文がなかなか出てきません。それを見た塾長は、自分の牛丼と素うどんを半分私に分けてくださいました。

食事が終わり会計は50ドルでしたが、塾長は5ドルを出しました。「10人やからこれで割り勘な」。そして「俺たちは盛和塾で共に学ぶソウルメイトじゃないか。誰が偉いとか、誰の会社が大きいとか、そんなの関係ない。みんな対等や」と。京セラとKDDI合わせて売上数兆円の創業者のこの言葉に、ただただ感激したことを覚えています。

「シッチャカメッチャカ経営」と指摘された関東塾長例会からもう20年近くたちます。例会の翌朝に塾長と二人きりでお話しする機会がありました。塾長は経営者が持つべき志について、京セラの創業時、中京区一から世界一を目指したことに触れまして、こう述べられました。

「限りなく目標が高いと、やるべきことが違ってくるんや。この山を登り切ったら安心ということは経営者には一生あり得ない。だから経営者は苦労し続ける。それは誰のためか。従業員とその家族のためじゃないか。そういう使命を俺たちは持ったんだ。お前の一所懸命さは認める。けれど、志が低い。もっと高い山を目指せ。一つのことに徹すれば必ず立派な経営者になれる。ええな」

この言葉を胸に、今日まで会社を経営してきました。その当時と数字を比較しますと、売上は15億円から30億円、従業員も倍増しました。千葉県内で独立系の自販機オペレーター会社としてトップにまで成長することができました。

稲盛塾長に叱られはしましたが、そこには優しさ、温かさ、厳しさ、怖さ、そして計り知れない大きな愛がありました。その全身全霊のご指導に我ら経営者はまだ応えられていません。ご恩に報いるために、経営者として、人間として、世の中に役立つ生き方をしていきたいと思います。

●「自分の好みで仕事しているのなら、趣味でやっているのと同じでは?」

張 麗玲 (株)大富 取締役社長

張氏は日本への留学を終えて、総合商社に入社。OL(女性会社員)をしながら、中国人留学生を扱ったドキュメンタリーシリーズ番組を撮影。同シリーズは日本ではフジテレビ、中国でも国営放送のゴールデンタイムにおいて全国放送され、放送文化基金賞を受賞するなど、大反響を呼んだ。

この番組制作を通して、張氏は〝日中友好の懸け橋になる〟ことを自分の使命と感じるようになる。中国国営放送から、中国の番組を日本で放送したいという要望を受け、自身の所属する大倉商事とフジテレビとを株主とした「株式会社大富」を1998年に設立。ところが、放送開始の2カ月後、大株主である大倉商事が突然倒産。中国国営放送の番組を放送するのも困難となり、大富自身も倒産の危機に見舞われた。

この時に紹介されたのが、京セラの稲盛和夫氏であった。

「初対面の稲盛会長の印象は、暖かい、優しい人だというものでした。話しているうちに、中国文化への造詣も深く、こちらの心を開かせる魅力があると感じたものです」

稲盛氏は、銀座にあった大富のオフィスまでやって来て、いろいろと話を聞き、株主となることを快諾してくれた。ここから張氏と稲盛氏との交流が始まったのである。

●遠慮し過ぎるなら縁を切る

稲盛会長に初めて叱られたのは、大富の取締役になっていただいて、すぐのことです。もちろん、お忙しい方ですから、取締役会にはいつも出席されず、代理の方が来られていました。直接お話をする機会は限られていましたが、その代わりに3カ月ごとのレポート報告になっておりました。そのレポートを読むことで、大富の現状を把握しようとしてくださったのだろうと思います。

張氏（左）と稲盛氏（右）

提出したレポートには、常に返事がされました。丁寧に読んで下さったことが分かる、的確な指摘が書かれていました。褒めて下さることもありますし、きつく注意されることもあります。例えば、その頃、視聴者へのサービスとしてやっていた業務がいくつかあります。それらは料金が発生せず、私としては視聴者へのサービスは、収益とは関係なく、むしろ少し損しても仕方ないと思っていました。

その点について、稲盛会長から「それは違う」と指摘を受けたのです。サービスするのは構わないけれど、だからといって会社が損をしてはいけないというのです。

私は、ついつい会社を社会的な事業として考え、利益を求めずに動いてしまうことがあり、稲盛会長のご指摘は身にしみて理解できました。

しばらくして、稲盛会長の偉大さを知れば知るほど、とても忙しい稲盛会長に、大富のような小さな会社のレポートを読んでもらうことは申し訳ないと思い始めました。取締役会などを通して、現状報告もしていることですし、それで十分ではないかと勝手にレポートの提出をやめてしまったのです。すると、ある日、「なんでレポートを出さないんだ」とお叱りを受けてしまいました。

私としては、稲盛会長に時間を割いてもらうのは辛いので提出しなかったという思いがありましたが、そのことも稲盛会長はよく分かっていらっしゃったようです。

「出すことに決めた以上は、出せばいい。遠慮し過ぎると縁を切るぞ」

優しそうですが、言葉自体は厳しいものでした。私の考え過ぎで勝手にやめたことに、本気で怒っていると感じさせられました。それからは、どんな気持ちがあってもレポートを出すことは続けようと思い、実行してきました。今は年に一度になっていますが、それでも続けています。

そこでのアドバイスが、大富や私自身の支えになってきたのです。

●京セライズムに驚かされる

稲盛会長からの教えは、主にレポートを通して伝えられましたが、毎月行われる連結決算の報告などで京セラ様の担当者とのやり取りでも、多くのことを教わったのです。担当の方は「稲盛会長なら、こう言うだろう」といって、稲盛哲学の片鱗を伝えてくださいました。

特に、最初の段階では、非常に細かなところまで目配りしていることに驚かされたものです。例えば、弊社のような放送業界では、仕事が遅くなると代わりにお弁当を出すルールがあるようで、弊社も例外なく出していました。そのことについて、お弁当は会社の経費で出すものではない、残業なら残業代を出すべきだ。また、私的な電話はかけるだけではなく、受けるのもいけないと言われ、タクシー利用などについても細かくチェックされました。

タクシー利用に関しては、こんなことがありました。

京セラ様に株主になっていただいた初期の頃、1年間、京セラ様から出向で来られていた方に、経営の援助をしてもらっていました。稲盛会長の秘書にもなったことのある有能な方でした。

企業データ

企　業　名●㈱大富
設　　　立●1998年2月20日
所　在　地●東京都中央区銀座7-13-15 銀座菊地ビル8階
事業内容●CSデジタル衛星放送事業

当時は創業時期のため、私はその日のうちに帰ったことがないほど忙しく、その出向で来られていた方も同じように遅くまでお付き合い下さいました。

その方は、午後11時45分の電車に乗らなくては、電車で家に帰れない。そうは言っても、間に合わないこともあります。むしろ、間に合わない日の方が多かったのではないでしょうか。

そんな時、「タクシーを使って、後で請求して下さい」とお願いしても、頑として受け入れてくれませんでした。

「時間内に終わらなかったのは自分の責任ですから、会社に負担をかけるわけにはいかない」と仰るのです。

「では、会社じゃなく、私が個人的に払いますから、ぜひタクシー代を請求して下さい」

そんなふうに私から言ったこともあります。

それでもタクシー代を受け取ることはなく、結局、出向している間、一度もタクシー代は請求なさらなかったのです。

こうした姿勢を見ていると、京セライズムと申しますか、稲盛哲学が徹底され、また、社員の方にも浸透しているのだと、改めて感じさせられました。

●経営者とプロデューサーとの両立を目指す

厳しく叱られた記憶は、もう一つあります。２００９年のことです。この時は、かなり激しい口調でした。

株主だったソニー放送メディア様が、外国人の経営者になって、メディア業界全体から撤退するという経営方針に大きく変わったことにより、弊社の株主から撤退せざるを得ないことになったのです。私としてはソニー様には撤退してほしくありませんでしたが、先方の全体経営方針の一環としてそう決められているのなら尊重するしかなく、仕方ないだろうと考えていました。

そのことを稲盛会長に直接報告したところ、「ソニーさんが撤退するなら、うちも撤退しようか」と言われました。

お顔を拝見すると、目が怒っています。

「それは困ります、京セラ様が撤退したら、もう大富は立ち行かなくなりますから」

「うちはダメだけど、ソニーさんならいいのか?」

そう問い詰められます。

「ソニー様が撤退する理由は、弊社の実績に対する不満などではなく……」と説明するつもりでしたが、理由があるからといって、ソニー様が撤退することを、ただ指をくわえて眺めているだけでは経営者とは言えない。ソニー様の経営者への説明や熱意が足りないのではないか、そう言われたのです。

さらに「あなたは、良いプロデューサーだと言われているけれど、良い経営者になってほしい」とも言われました。

会社というのは、社員の生活も引き受けていくのだから、利益を上げていかなくてはならない。利益を無視するのなら、会社ではなく個人で活動した方がよい、稲盛会長が仰ったのはそういうことでした。

この時は、真っ正面から叱られました。さらに

「自分の好みで仕事をしているのなら、趣味でやっているのと同じでは？」

とも言われました。さすがに、この言葉は悔しくて仕方ありませんでした。それまで睡眠時間も削り、〝日中友好の懸け橋となる〟という理念で作った会社だということを一日も忘れることなく、一筋に頑張ってきたのに、何でそこまで言われるのか。

これほど強烈な言葉で叱られたことがなかったので、ショックだったのです。心の中では抵抗感もありましたが、言葉の一つ一つは納得できるものです。それだけに反論もできず、さらに悔しい思いをしました。

今にして思えば、「経営者になりたくてなったわけではない」ということに安住している自

分が稲盛会長には歯がゆかったのでしょう。「いつまでも、それでは困ります。日中友好の懸け橋ということも、まず会社が安定し、社員が幸せになって、生き生きと働いてこそ成り立つものです」そのことを仰ってくれたのでしょう。

そして最後に、会長から盛和塾のことを紹介していただき、良い経営者になるよう、塾に入って勉強するよう勧められました。東京に戻った後、すぐに申し込みをし、盛和塾の塾生になりました。

●折れそうな心の支えとなった稲盛語録

稲盛会長との思い出の一つに、中国の杭州で盛和塾の大会が行われた時のことがあります。私の生まれ故郷ということもあって、一日だけ稲盛会長を案内することになりました。

昼食を取る段になって、稲盛会長が「中国の、普通の労働者が行くような食堂で食べたい」と言われ、急きょ、関係者と町中にある普通の食堂に行くことになりました。

もちろん、予約などできないような食堂です。スタッ

2014年、杭州西湖の船上にて
張氏（右）と稲盛氏（左）

フの1人が先に行って席を確保し、そこに数人で食べに行きました。忙しく食べては席を立つような店ですから、次から次へとお客さんがやって来ます。

とくに汚い店というわけではありませんが、食材の品質が保証できるかどうかと心配になるようなところではありました。全員が同じ麺料理を頼み、食べ始めました。油を大量に使った、かなりコテコテの料理です。私は3分の1ほど食べて、「もう食べられない」と思いましたが、そうも言えません。

稲盛会長の方を見ると、やはりお口に合わないでいるようでした。ご自分で指定されたお店なので、食べられなくても簡単に料理を下げてもらえませんし、浪費もされない方なので……。そして秘書の顔を見て「朝食をいっぱい食べてきたからね」と話しているのです。

その一方で「張さんは、しっかり食べなさいよ」など声を掛けられます。

そのうち、さすがの稲盛会長も全部は食べられず、弊社の副社長と煙草を1本吸ってくるとさっと席を外した隙に、私も料理を下げてもらいました。

あの「もう、食べられない（でも、あからさまには言えない）」という表情が何とも人間味たっぷりで、私には貴重な時間だったのです。

稲盛会長からは、いろいろなことを学ばせてもらっています。稲盛会長と出会っていなければ、大富も今とは違った形になっていたことでしょう。

また、以前私たちの作ったドキュメンタリーが言われなき誹謗中傷にさらされ、私の精神もぎりぎりのところまで追い込まれたことがありました。この時にも、心の支えとなったのは、稲盛会長の言葉で、「善き思いは善き結果をもたらす」というものです。正しいことを正しいままに貫いていく、自分が人間として正しいことをしていると信じていれば、長い時間かかったとしても、いつかは分かってもらえるはずなのです。

そのことを信じて歩むことができたため、その危機は乗り越えられたのだと思っています。

●「危なっかしい経営をしている。本当の理解が足りない」

山岸 暢 ㈱タナット 代表取締役

タナットの山岸暢社長は、地元の京都から「東京の方がマーケットが大きい」と上京し、何のつてもなく東京で創業。他の塾生に負けまいと新事業で拡大路線を図るも、利益はガタ落ち。アメーバ経営で業績を立て直した。それ以前は、ただただ働き詰めの毎日で、経営ができているレベルには遠かったという。稲盛塾長はその計画性のなさ、見通しの甘さを厳しくいさめた。現在は、稲盛経営哲学から学んだ「利他の心」を新事業で実現すべく邁進している。

●「嘘を嘘にしない」――強い責任感でがむしゃらに働いた創業当時

私は29歳まで塾長の京セラがある京都に住んでいました。高校を卒業し、フリーターをした後、3年ほど働いて離職。再びアルバイト生活に戻りましたが、「社長になりたい」という強い思いはありました。友人の家で目にした求人雑誌を読んで、独立してできる事業として、エアコンの脱着工事業務を京都で始めました。

その後、東京にはもっと大きなマーケットがあると思い、上京を考えました。すると、周りからいろいろと心配をされました。「一緒に仕事をやる人はいるのか」、「仕事はもらえるのか」と聞かれたら、「面接したら増やせるやろ」、「営業に行ったらどうにかなる」と答えていました。そんな調子で、お世辞にも計画的とは言えませんでした。

創業は1993年。東京に出てきた当初は、家さえも借りられませんでした。住むところを用意し、その一室から始めて、仕事は少しずついただけましたが、発注者からは仕事を受け入れる体制がちゃんとあるのかと度々聞かれました。「全てそろっています」と表面上は取り繕っていましたが、まったくそうではありませんでした。

当時、最も大事にしていたのは「嘘を嘘にしないこと」でした。そのために1年で360日、1日16時間働きました。数年間はそのような状態でしたが、「嘘を嘘にしない」との責任感で、ただひたすら働いていました。一緒に仕事をする人を集めるために業者へ面接に行くときも、工事車両の中で、スーツに着替えて向かうようなことをしていました。創業してから経営者が集まる会合などには、一度も行ったことはありませんでした。

山岸氏（右）と稲盛氏（左）

●「お金をもうけること」への根源的な悩み

そもそも私が仕事を始めたのは稲盛塾長のように「自分の技術を世に問うため」という高尚な考え方はまったくなく、「お金をもうけたい、贅沢がしたい」、ただそれだけの理由でした。

仕事が忙しくなり、少しもうけが出始めると「こんなふうにもうけても良いのだろうか」と疑問がわいてきました。ただもうけたいという動機だけで始めただけに、根源的な悩みとなりました。子どもの頃から持っていた、お金をもうけることは悪いことという潜在意識が浮かび上がり、何カ月も悩んだのです。

そんな折に、書店で「松下幸之助と稲盛和夫」という見出しが付いた雑誌『プレジデント』が目に飛び込んできました。京都では成功者と言えば京セラの稲盛和夫と誰もが認識していましたのですぐに購入。インタビュー記事で稲盛塾長の次のような言葉に出合いました。「お金をもうけることは悪いことではない。商売をやっていく上において、まずはお金から始まったが、人に喜んでいただける姿に気がついたら、それを追いかけるようになっていた」。

胸のつかえがすっと取れました。自分だけがもうけるのではなく、他を利する考え方で、お客様に喜んでもらうための商いをする。損をするようでいて、数字を見たらきちんと利益が追いかけてきている。こういうもうけ方を実践すればいいのだ、と気付きました。まさに稲盛塾長がインタビューで話されていた「利他の心」でした。

その記事の末尾に「盛和塾」と書かれていましたので、すぐに入塾したくなり番号案内サービスに「京都のモリカズジュクお願いします」と問い合わせました。すると番号案内の方は「お届けございません」。5分くらいしてもう一度かけても同じ返答です。帰社前にもう一度かけるときに、もしかして「セイワかな?」と思い「セイワジュクお願いします」と言うと「ご案内いたします」と言われたことを思い出します。盛和塾には1997年に入塾しました。

それまで私の経営の手法は、昔、八百屋さんが店頭に吊っていた、ざるかごのようなものでした。中にいっぱい売上のお金を入れて、そのざるかごの中のお金で仕入代金、その他支払をする。極力使わなかったら残る。おかげで創業以来資金面で苦しんだことはないのですが、忙しいことが悩みでした。

稲盛塾長に叱られたのは、2006年10月の東北ツアーでの経営体験発表の時です。直近の2004年9月期は売上5億3000万円で4400万円の赤字、翌年も売上はほぼ横ばいで4200万円の赤字を出してしまった後のことでした。

企業データ

企業名●㈱タナット
所在地●東京都港区芝公園1-1-11　興和芝公園ビル3階
創業●1993年11月
設立●1997年10月
従業員●30名（パート社員含む）
事業内容●全国ネットワークでの、家電製品・空調機器の移設・新設工事および上下水道の緊急メンテナンス業務

●思い付き経営をいさめる

盛和塾に入り、他の経営者と話す機会が増えたことで、もっと売上を伸ばさないといけないと思うようになりました。電気工事の受注・発注をする管理業務から事業を始めましたが、売上をさらに伸ばそうと思ったときに事業の限界を感じていました。そこで、家電製品の修理に加えて水道工事の新事業を始めました。人を雇い、事業投資もしました。ただ、この時は先に投資をした分、これから売上が上がっていくだろうという兆しはありました。

盛和塾での発表前日の夜のことです。当時の福井事務局長とお風呂場で一緒になりまして、翌日の体験発表の内容について話すと好感触でしたので、塾長に褒められるのではないかと思っていました。

ところが、塾長から返ってきた言葉は「危なっかしい経営をしている」、「一つのことに打ち込むことが必要」、「勝手にフィロソフィを解釈しているようだが、従業員の話をしているときの話し方を見ても、今でも本当の理解が足りない」との厳しいご指摘でした。

塾長は、私が自らの興味や欲のあるところには知恵を発揮するのに、経営のこととなると、全てが思い付きで行動していることを憂慮されました。経営者であれば、「どのくらいの頻度で需要が発生するのか」「全国展開するとすれば、どのくらいのコストになるのか」と具体的なシミュレーションをして石橋を叩いて行うのが普通であるし、塾長が私と同じ立場であれば、東京に出てくる前の京都で、まず元請けの事業にコンセントレイト（集中）してから、全国展開をしているだろうと仰いました。また、社長週報として書いていた社員への報告書についても、「書くくらいなら現場に入って社員と話をしなさい。現場にもっと足を運びなさい」。その発表の夜に、塾生らが私のところに「お見舞い」に来るほど、かなり厳しいことを言われました。

塾長は経営において「楽観的に構想し、悲観的に計画し、楽観的に実行する」ことの重要性を常に仰います。そして飛び石を打ってはならないことも強調されます。しかしながら私の場合、事業計画に具体的なシミュレーションもなく、赤字を出しました。塾長からすればそれは許されないことでしょう。その後、ご指摘のあった、「継続することが目的」になっていた社長週報はやめました。

ただ、新規事業の継続については悩みました。ある塾生は「塾長は水の事業はやめろと言っている」と言いました。違う塾生から「そうではない」という意見もありました。私自身、何回もテープを聴き直しましたが、どちらを取るべきか分かりませんでした。

そこで2週間後の鹿児島での例会のときに、塾長に個人的にお時間をいただき、ご相談しました。アメーバ経営で作った時間当たりの水道事業の採算表を1年分お見せして、現状を説明し、これからの指針をお聞きしました。塾長は、数字を見るときの、周りの空気が変わるほどの強い眼差しで一気に採算表を読み始められました。

●「今までの2倍以上頑張れ」

読み終わった後、塾長は「これだけ売上が上がっているならもう一つの柱になる。ただ、二つの仕事をするのだから、今までの倍以上頑張らんといかん」とも言われました。まず、認めていただいたことでとても気持ちが楽になりました。そう言っていただけなければ、いい加減なままで、利益体質になっていなかった可能性もありました。その発表から6年後、塾生にとって勲章である稲盛経営者賞の3位を頂きました。壇上で「よう頑張ったな」とお言葉をいただきました。

盛和塾の中で、あえて自分の立ち位置を表現するなら「アホキャラ」と言いますか、そんな役回りでした。塾長に対しても、そんな懐への入り方をしていたところがあります。塾長は知らない人がたくさんいる場所が苦手なこともあり、時にポツンと一人でいらっしゃることがあります。皆、恐縮して近寄らない。そこで私がスッと近づいて言葉を交わす。そんなことができたのも、塾長が私を気の置けない存在として見ていただいていたからだと思います。

振り返れば、星の数ほど会社がある中で、創業したときのマンションの一室で、求人に応募してくれた人がいる。その従業員にどうやったらこの会社に勤めてよかったと思ってもらえるか、そんな会社を作れるか、そして当社を辞めても立派に生きていける、ちゃんとした社会人として育っていけるよう、従業員を組織の歯車として考えるだけでなく、一人ひとりに何をすればよいかを考えてきました。

そこで稲盛経営哲学の「利他の心」に立ち戻るのですが、「利他の心はこうである」と従業員に教えてしまうと、それは「利他の心」ではなくなってしまう。それを理解しないままに「利他の心」を従業員に教えている社長もいますが、それは利己の行為です。気をつけないと使い勝手が良い、怖い言葉にもなってしまいます。

●まだ見ぬ将来世代に向けた「利他の心」

弊社は、4年前から新事業として子会社で農業分野に進出しています。薬を使って虫を殺したり、野菜を大きくしたりする農業のやり方がおかしいと思ったからです。農薬も肥料もあまり使わなければ、畑をもとに生物の循環がはじまり、野菜の栄養が倍増し、土壌も微生物が増え良くなる。世界中の農地がこのような農法に全て変われば今の年間二酸化炭素排出量の炭素は全て土中固定できるという論文も多く発表されているのです。新事業はまだもうけが出ていませんが、農業の生物の命のサイクルを正常に回したいのです。そのことを塾長にも報告しました。「飛び石を打っているのではないか」と、また怒られるかと思ったのですが「面白いな」と言っていただけました。

塾長から教えられたのは、「企業は社会の公器」であるということ。新規事業についてもうかるかもうからないかで事業の価値を測るのは違うと思います。また、市場のシェアを伸ばすためだけに闘うのは塾長も違うと仰るのではないかと思います。貨幣ではなく自然資本の最大化に貢献し、将来世代が安心して暮らせる環境を送り届けられるかという時間軸で経営を行うことこそサスティナビリティー経営ではないかと思うのです。

本当の利他とは、「もっと売上を、もっと利益を」と追い求めるのではなく、まだ見ぬ将来世代まで見通して利益を考えることです。そういう時間軸と視野をもってやっていかないと将来、取り返しがつかなくなる。私がこんなことを考えられるようになったのは間違いなく盛和塾の土台があったればこそで、自分にとって盛和塾で習った集大成だと思っています。

フィロソフィについても、「社員に落とし込むのが大変」という塾生経営者がいます。「何のために落とし込むのか」「本当に全従業員の物心両面のしあわせの為にやっているのか」を常に自問自答することが大切であり、「まことのこころ」がそこに存在しなければ形だけやっても仕方がない。

今、社内の会議で「数字をあげるのは当たり前だけど道理は外すな。人の道を外すくらいなら売上はゼロでもいい」とよく言っています。それは塾長のお言葉で一番響いた「人間として何が正しいのか」が根底にあるからです。

「ちゃんと教えてもらった通りにやりなさい」

高橋　克実　㈱イボキン　代表取締役社長

一貫して資源リサイクルに取り組んでいる株式会社イボキンの代表取締役社長の高橋克実氏は、盛和塾に入塾後、特定建設業許可取得や、盛和塾全国大会の発表で優秀賞を受賞するなど、順風満帆に経営を行っていると考えていた。

しかし、社内で不正が発覚し、社員の処遇について頭を悩ますこととなった。稲盛塾長に相談に行くものの、激怒されたという高橋氏に、当時の様子やその後の取り組みについて伺った。

●「俺はいったい何やっとるんや」

今から13年前、盛和塾で学び始めて3年目に全国大会で発表し、優秀賞を受賞した翌年のことです。全国大会では稲盛塾長から「よく頑張ったな」と褒めていただき、社業も順調で社内の空気も悪くないと思っていたときに、社内で不正が起きました。

帳簿が改ざんされ、100万円が数回にわたり横領されていたのです。犯人の目星は付いていましたが、確たる証拠は無かったので警察に相談しました。調査で社員が着服していたことが分かりました。刑事さんによると、ギャンブルにのめり込み、サラ金の借金があったようでした。

大家族主義を標榜していた私は、この社員の処遇に悩んでいました。このまま改心させて勤務を続けてもらうか、それとも解雇もしくは自主退職してもらうか、考えあぐねていました。

そこで、稲盛塾長ならどう考えるかを聞きたくて、例会の時に質問に行きました。

しかし、その時塾長は激怒され、全くと言っていいほど取り合ってくれませんでした。

「塾長、実は社内で不正が起きて、お金を社員に横領されました。そこで今わたしは……」

と言った途端、塾長の顔がみるみると赤くなり、大きな声で

「何をやっとるんだ、君は！　私がこんなにもいろんなことを教えているのに！　そういうことがないように教えているんだ！」

私は「はあ、はい」という、あいまいな返事しかできずにいました。最終的には、

「ちゃんと教えてもらった通りにやりなさい！」

と一喝され、そっぽを向いて、私を追い払うような手振りをされました。

私は、がっくりとなり、「すみませんでした」というのが精一杯でした。

あまりの剣幕に少し震えつつも「あんなに怒られるんやったら、塾長のとこ、行かんかったら良かった」と思いながら帰ることになりました。

しかし、翌日頭を冷やして落ち着いてよく考えてみると、全くその通りだと思いました。盛

和塾で塾長に教わったことは全てセオリーであり、そこには全ての明快な答えがあります。それなのに、バカで怠け者の私が日頃から学んだことを実践できていないがために、発生した問題なのです。

人に罪を作らせない仕組みを作ってあげることが経営者の愛なのだと塾長は常々仰ってこられました。本当にその通りだと、つくづく思いました。「俺は一体何やっとるんや」と自分自身が本当に情けなくなりました。

起きた罪を許したとしても、それは愛ではなく経営者の自己満足であり、その前にもっと大きな愛情でもって愛する人達を守ることが、一番の経営者の務めなのだと思いいたりました。

その社員には辞めてもらうことになりましたが、「これは俺が悪かったんや」と自責の念でいっぱいになりました。

高橋氏（左）と稲盛氏（右）

●不測の事態を無くすことが最大の愛

本当に情けない気持ちになり、この事件をきっかけにして、財務経理、コンプライアンス、反社会的勢力排除、不正防止、安全衛生管理、各種ハラスメントや情報漏洩の防止、内部通報制度といったさまざまな仕組みを整備していきました。

そうして何よりも、みんなでそのベースとなる「心」の勉強をすることを重視し、イボキンのフィロソフィ（経営哲学）を作り、社員全員で毎日学ぶようにしました。

監査の仕組みをさまざまに作り上げていく中で、これらを突き詰めていくと上場につながるのではないかと思い、そのままチャレンジし、東証ＪＡＳＤＡＱに上場しました。会社のガバナンスをしっかり整備していくと、自然とＩＰＯ（新規株式公開）へとつながっていくのかもしれません。今ではＪ－ＳＯＸ（日本版内部統制報告制度）にも対応しています。

まだ整備されていないところもありますが、現在、弊社にはさまざまなガバナンスが構築され、以前とは比較にならないほどリスクマネジメントのできる会社になったと思います。

何が起こるのか分からないのが経営だ、などとうそぶかず、これからも何か不測の事態が起こることを極力無くしていくことが、経営者の最大の愛だと思い、経営に励んでいきたいです。

全ては稲盛塾長のあの一言がきっかけです。塾長には、本当に感謝の気持ちでいっぱいです。怖いばかりではなく、オフのときは本当に優しく、たくさんの楽しいお話や数々の激励の言葉を頂いたので、思い出すのは塾長の笑顔ばかりです。盛和塾が解散した今になって考えると、塾長にもっともっと気さくに話しかけたりして、甘えておけば良かったと思います。それでもやはり、私にとっては怖い親父でしたね。

企業データ

企業名●株式会社イボキン
設　立●1984年8月
所在地●兵庫県たつの市揖保川町正條379番地
従業員●195名（パート含む）
事業内容●解体事業、環境事業、金属事業、運輸事業

振り返ったら、がれきの山や蛇の道を走ってきた

石櫃《いしびつ》 鴻吉（京セラ㈱元常勤監査役）

当時勤めていた会社に不満があったわけではなかったが、稲盛和夫氏の人柄に惹《ひ》かれ、また、自らが興味のある分野での仕事を希望し、30歳で京セラに中途入社をした石櫃鴻吉氏。サファイア単結晶やアモルファスシリコン感光ドラムの開発といった事業に従事する。

開発を行う際、稲盛氏から直接指導を受ける機会も多くあった石櫃氏には、一般的によく知られる経営者としての稲盛氏の表情ではなく、技術者としての顔を中心に語ってもらった。

●技術者として併走してくれた稲盛社長の激励

私が京セラに入社したのは、１９７５年、30歳の時でした。大学院卒業後、日本電子へ就職し、測定装置の開発などを担当していましたが、京セラに転職した知り合いに「一度、稲盛さんに会ってみないか?」と誘われました。当時の京セラはまだまだ若く、でも勢いのある会社だという噂は耳にしていたので、一体どんな会社なのだろうと興味を持ち、稲盛社長にお目にかかりました。

私自身は採用面接のつもりは全くなかったのですが、稲盛社長は初対面の一回りも年下の私にずっとニコニコしながらご自身の夢を語るのです。社長はよく

「私は夢見る夢夫です」

と仰るのですが、まさに初対面の時からそういう方でした。私は「こんな企業家がいるのか」と驚くと同時に、人柄に触れてとても好感を持ちました。現職に不満があったわけではなかったのですが、稲盛社長のお人柄に惹かれ、そして材料や電子デバイスに関係する仕事をしたいとの想いから、半年後入社を決めました。

石櫃氏

入社後は、サファイア単結晶の開発を担当しました。セラミックの材料であるアルミナを溶かして、サファイアの大きな結晶を作ることができれば将来的に工業材料として有用であるという見通しがあり、京セラも工業化に向けて開発を進めることになりました。メンバーは私を含め、若い社員ばかり5、6名でした。

当時、基本技術を持っていたアメリカの会社と契約して開発をスタートしたのですが、お手本となるのは小型の実験機だけで、装置から全て自分たちで開発しなくてはいけません

でした。これを大型化、量産化するのは果てしない道のりでした。しかしその頃、開発から製品を作る日本の会社はどこもそうでしたから、辛いと思ったことはありません。それこそが開発ですし、「絶対自分たちがトップをとってやるんだ！」という熱い気持ちで仕事に打ち込みました。

稲盛社長も私たちの議論に積極的に参加してくださいました。失敗を繰り返しながらも、次はああしてみよう、こうしてみてはどうかと意見すると、稲盛社長は決して否定せず、「それは面白そうだな。よし、もう一度やってみよう」と前向きに受け止めてくださいました。おかげで私たちも物おじせず、どんどん意見を出すことができましたし、トライすることができました。稲盛社長ご自身も、一人の技術者として世の中にないものを開発する喜びや楽しみを味わっておられたのでしょう。私たちも稲盛社長に報告し、一緒にああだこうだと議論するのが楽しく、「社長に良い報告がしたい」の一心で開発に熱が入ったものでした。

大きな結晶自体は1年ほどで開発できましたが、そこから結晶の品質を上げ、工業化、製品化するのに時間がかかり、お客様に提供できるようになるまでには約3年が必要でした。でも、あれから40～50年経った今も、サファイア材料は製造方式に改良が加えられながら利用されています。例えば、私たちの生活に欠かせない青色ＬＥＤ（発光ダイオード）の基板にも使われています。

当時、稲盛社長は、つい弱気になりがちな私たちに向かって、よくこう言って励ましてください ました。

「新しい材料の開発には時間がかかる。真面目に時間をかけて開発したものは、他社がやっても同じように時間がかかるものだ。だが、良いものさえできれば製品としての寿命は長い。反対に、簡単に開発できたものは、すぐに消えてしまう」

本当にその通りでした。時間をかけて良いものを作ると、今度はユーザーがどんどん使い方を考え、息の長い製品となるのです。

●稲盛社長にしてもらったことを若い技術者に

1980年代に入ると太陽電池の開発が活発になり、価格を抑えるためにアモルファスシリコンという材料に注目が集まりました。京セラをはじめ、多くの会社が同素材を利用した太陽電池の開発に乗り出しました。

しかし、開発競争が激化しつつあったこともあり、アモルファスシリコンを利用して、別の製品の開発にも着手しようと大学の先生にも参加していただき、新しいグループができました。各部署から技術者を集めて、私がその責任者となりました。

複写機の中心部品である感光ドラムにアモルファスシリコンを利用すると、非常に良い製品がでるという研究があったので、アモルファスシリコン感光ドラムの開発に乗り出すことになりました。当時の複写機はコピーすると線が出たり、何回か使用すると交換しなくてはいけなかったり、その上一部の材料に毒性があったため、使いにくいものでした。もしアモルファスシリコンを使った感光ドラムが開発できれば、長寿命となり、何より安全で世の中の役に立つ画期的な製品になるだろうと私たちはやる気にあふれていたのですが、何しろ人が足りない。するとと、新卒の技術者4人が加わることになりました。当時の京セラとしては大変まれなことで、今後どうなるかと心配したのですが、稲盛社長の堅い決意の言葉を聞き、合点がいきました。

「アモルファスシリコンという新しい材料に詳しい専門家は世の中のどこにもいない。ならば、やる気のある若い技術者を鍛えて専門家にすればいい。『新しい酒は、新しい革袋に入れよ』だ」

もちろん、世の中にないものを開発するのですから、お手本になるものは何もありません。メンバーは自分たちで装置から手作りし実験を続けますが、失敗の連続でした。そんな時、責任者である私の一番の仕事は、若い新卒の技術者たちのモチベーションを上げることでした。4人の性格や専門分野を考えて担当を決め、仕事を任せましたが、任せきりにしてはいけません。現場を回り、一人ひとりの話を丁寧に聞くことを心掛けました。彼らが自分の仕事をきちんと見てくれている人がいると実感できることが大事だと思ったからです。そして、小さなことでもうまく行ったら一緒に喜び、褒める。成功体験を積むことが、大きな成功へとつながります。苦労すればするほど、一緒に喜んでもらえるとうれしい。私自身も稲盛社長にそうしてもらいました。

また、新しい開発はほとんどが失敗の繰り返しですから、悪気はないのですが「若いグループじゃうまく行かない」などの雑音が周りから聞こえてくることもあります。そういう時、若い技術者たちの防波堤になることもリーダーの大切な仕事です。

開発当初自作したアモルファスシリコン感光ドラムの実験装置

若い技術者は失敗が続いてもへこたれませんし、前向きな叱責にはタフに頑張ってくれます。一方、ネガティブな言葉には極めてもろく、ガクッと意気消沈してしまうのです。そういう言葉が耳に入らないようにする、入ってしまったときは「違うよ」とフォローするなど、臨機応変にサポートに回ることが大事です。

さまざまな困難を乗り越え、無事にアモルファスシリコンを使った感光ドラムの開発に成功しました。今もプリンタなどに利用されており、これも稲盛さんが仰る通り、開発に時間がかかった製品ほど寿命が長い証でしょう。当時の新入社員たちも、今はもう定年退職しています。でも、今なお自分たちが開発した製品が世の中の役に立っていることはうれしく、誇らしいことでしょう。

●苦しい時こそ「何とかなる」と信じて突き進むことが大事

私自身が稲盛社長からかけてもらった言葉で、特に記憶に残っているのは、研究・開発がうまく行き、いよいよ事業としてスタートするという時のものです。

「事業化する際には、うまく行った時の絵を頭の中で描け。今は装置1台で細々やっているが、うまく行ったら何十台もの装置がずらーっと並び、次々製品ができていく様子を想像しろ。5、6台のしょぼくれた絵ではうまく行かないぞ。総天然色の絵が見えてきたら、うまく行く」

夢と希望をこめて最終的な到達地点が明確に描けていれば、どれだけ苦労してもたどり着けるものです。

そして、失敗の連続から迷いが出て、目標を見失いがちな私たちにかけて下さった叱咤激励は今も忘れられません。

「新しい事業をやろうとするときは、それが世のため、人のためになるかを考えろ。いくら難しい開発をしても、世の中や人のためにならないものは、決してうまく行かないぞ。反対に、どれだけ苦労しても世のため人のためになるものは、必ずうまく行く」という稲盛社長の言葉です。シリコンドラムの開発がまさにそうでした。あの時はそこまではっきりと意識していたわけではありませんが、振り返ってみるとその通りでした。以来、そのお話は私の生き方の指針にもなっています。

京セラで稲盛社長に教わったことは、仕事だけでなく私の人生観そのものになりました。「世のため人のためになることをする」などは、子どもはもちろん、孫たちにも自分の体験として無意識に話して聞かせてきたように思います。また、私は旅が好きなのですが、在職中はさすがに忙しく思うようにはできませんでした。そんな時でも引退したら妻と一緒に旅をするという「夢」を持ち続け、実行しています。さすがにコロナ禍の今は思うように出掛けることができませんが、落ち着いたら旅行を再開したいですね。

この時期、どうしてもネガティブな意見が多くなりがちですが、私は人間というものは「何とかなるさ」と思える気楽さを持つことが大切と考えています。

なかなか先が見通せない開発業務の中で、それでも部下を率いて頑張らなければいけない私に対して、稲盛社長からこのように激励されたことがありました。

「夜道のずっと先に見える小さな明るさを求めて一生懸命走ってきた、これが我々の開発だ。夜が明けて、ホッとして来た道を振り返ると、がれきの山があったり、蛇がいたりと、暗い時は無我夢中で走ってきた道が大変危険な道だったことを知る。つまり、見え過ぎてしまうと、心配ばかりして一歩も進めないことがある。それより、目標だけを目指し、走れるときは走ったほうがいい」

将来を自分たちの手で明るくしていくのだという気持ちを持つことが、一番大事ではないでしょうか。何とかなる、乗り越えられないことはないと信じるくらい、楽観的でいることが力になることがあると思います。

最後の「お前を頼りにしているんだからな。頑張れよ」でやる気みなぎる

明石 靖夫（京セラ㈱ 元常勤監査役）

「稲盛名誉会長は兄貴のような存在」。そう語るのは京セラで機械工具事業部をゼロから立ち上げ、名誉会長に叱られて育てられた結果、代表取締役専務商品事業本部長となられた明石靖夫氏だ。まだ中小企業だった京セラに入社した明石氏は、30代までは稲盛名誉会長と距離が近く、仕事の相談をしたりされたりしていたという。そして、何より40年以上に渡り、名誉会長から教えを受け、信頼されていると実感していたという。その反面、明石氏は名誉会長との関わりの中で、7割は叱られ、3割は褒められた経験を持つ。明石氏が、40年以上の付き合いの中で、名誉会長から叱責を受けて学んだことについて伺った。

●兄貴と慕った背中

入社した1967年3月当時、京セラは現在のような大企業ではなく、一中小企業に過ぎませんでした。私が入社したのは創業から8年目、従業員は300～400人ほどのときでした。入社した3月の売上が1億円を達成したと大騒ぎしたのを覚えています。私自身は、もともと

エンジニアになりたいと大学生時代に考えていましたが、ちょうど不景気で就職が厳しい時代でした。それを見かねた大学の教授から紹介されたのが京セラで、その時初めて京セラの名前を知りました。無事に入社が決まり、大学の機械科を卒業した私が配属されたのは、蒲生工場のセラミック部門・産業機械部門を管轄していた技術部でした。

始めの頃、稲盛名誉会長と親しくお話ができたのは、近くの料亭で夜の12時頃から何度か開かれたコンパでした。当時は中小企業でしたから、名誉会長と社員の距離も近かったのです。コンパの席で名誉会長は「日本一の企業になる」「世界一の企業になる」「どこに工場を建設する」などと、よく夢を語っていました。その言葉を聞くと、清涼飲料水を飲んだときのように、心がスカッとして、明日からまた頑張ろうという気持ちになったものです。

仕事で難問にぶつかり、名誉会長へ相談に行くと、問題点や現状を箇条書きにしてみさないと言われます。難問を小さな問題に切り分けることで解決できることを学びました。また、干支が一回り違うこともあり、社員と社長という立場でしたが、分け隔てのないお付き合いをさせていただいていました。名誉会長は、私にとって兄貴のような存在でした。しかし、京セラがどんどんと大きな会社になり、名誉会長も京セラ以外の活動をされることが多くなり、背中が見えなくなって寂しく感じたのもまた、私の偽らざる気持ちです。

●7割叱り、3割褒める

名誉会長は穏やかな方というイメージを持っている方が多いかもしれません。しかし、当時名誉会長のもとへ担当していた機械工具事業部の稟議書の決裁を頂きに行ったり、報告書の相談などに行くと、立っていられないほど叱られ、「お前がいるからこの事業はダメなんだ」「辞めてしまえ」などと言われたものです。持参した稟議書を投げつけられたり、チョークを投げつけられたりと、名誉会長は激高されます。私の場合、名誉会長からは7割叱られ、褒められたのは3割でした。

明石氏（左）と稲盛氏（右）

中でも、記憶に強く残っているのは、ドイツから研削《けんさく》盤を購入するための決裁をもらいに行ったときのことです。非常に品質の良い研削盤でしたが、1台2500万円ほどしました。しかもそれを10台購入したかった。名誉会長のもとを訪れると、稟議書を3メートルほど投げられ、「こんなものは要らん」と激怒されました。京セラの主力事業であった半導体や電子部品の機械はそこまで重装備ではありません。私がいた機械工具事業部の競争相手は大手企業ばかり。「いいや、大手企業と勝負するためには、この研削盤が必要なんです」と私も負けずに反論しました。事前に、高額の設備投資になるため、反対されることは予想していたのですが、採算の見通しや業界での競争力を高めるために、品質改善の必要性を訴えました。すると名誉会長は「半導体事業部は1億円の機械を買ったら、1カ月でそれくらいの生産をする。お前の所は2千万円の機械を買っても1年かかっても生産できるかどうか分からない。そうであるなら、半導体事業部へもっと投資して生産を伸ばしたほうが京セラにとっては良いではないか」と仰いました。激論の末、1台を購入する決裁をいただきました。この経験で、費用対効果や経営者として何を考えねばならないかということを意識するようになったのです。

私が川内工場の機械工具事業部に勤務していた頃、名誉会長はよく工場巡視をされました。当時の京セラでは、非酸化物の材料で製品を作ることはなく、私の事業部だけが製造していました。たまたまお客さんから注文があり、製造が難しい形状のサンプルを、こんなものまで作ることができるようになったんだと、名誉会長にお見せすると、「これはなんの部品で、何に使うんだ?」と聞かれます。「お客さんからの注文で作ったので、何に使うか分かりません」と答えると、「何に使うか把握していないといけない。売上を上げるためには横展開も重要なんだ」と叱責されたのを覚えています。また、整理整頓がなっていない、セラミック紛が摺動《しゅうどう》面に入り研磨剤として摩耗させるため、機械がすぐに駄目になってしまうじゃないかなどと細かい点も注意されました。

また、稟議書や報告書では、文章の「テニヲハ」に始まり、内容自体についても細かく質問されます。事前に、稟議書や報告書を何度も読み返し、しっかりとした準備をすればそういう指導を受けることはありません。しかし、慌てて作成し、内容をしっかりと理解していないと細かいことまで質問されるわけです。準備をきちんとしていないと文章に表れるようで、名誉会長にはお見通しなのです。細かいことが分からなければ、大きなことはできない。そう名誉会長からはよく言われたものです。実際に、私自身も決裁を下す立場になった際には、しっかりと準備した文章かどうかはすぐに分かるようになりました。

●相手と状況を見て叱責

名誉会長には1対1の場面だけでなく、周りに人がいても同じように叱責されました。たとえば、工場見学の際に、他の事業部に同行することがありました。私は、その事業部のことを何も知らないにもかかわらず叱られるのです。最初は理不尽に感じましたが、何度もそうした経験をするうちに理解したことがあります。

1992年、和輪庵にて
明石氏（左端）と稲盛氏（左から3人目）

それは、名誉会長は叱ってよい人かどうかを見極めて叱っていたのです。当時から部課長クラスでも積極的に中途採用をしていましたから、距離の近い私のような者を叱ることで、間接的に中途採用の人たちにも教えていたのです。

時には喧々諤々《けんけんがくがく》とやり合い、叱られることも多かったのですが、興奮した状態では終わりません。興奮が収まり、再度私にやる気がみなぎるまで、きちんと話しをされます。最後には「お前を頼りにしているんだからな。頑張れよ」と言われます。「はい、頑張ります」と納得して社長室を後にするのです。叱ってから、最後はフォローするところまで指導するのはなかなかできることではありません。私自身も、部下を叱る立場になったとき、叱ることはできてもフォローすることまではできませんでした。他の幹部にフォローをお願いしていました。

製造営業会議などで、採算が改善されていなかったり、売上が伸びていなかったりすると30分以上は叱られました。それほどの時間叱るには、名誉会長ご自身も大変に体力を消耗することです。それでもそういった指導をされたのは、経営者を早くたくさん育てなければいけない。そうした使命感や教育的な側面が強かったのだといまとなっては理解できます。

また、稟議書などで叱られることがしばしばありましたが、最終的に否決されることはまずありませんでした。「お前の思う通りにやれ」と仰っていただきました。振り返ると、信頼していただいていたんだと思います。

●「叱られた？　いえ、励まされたんです」

塩見　忠義（京セラオプテック㈱　元常務取締役）

塩見忠義氏は、自ら「機械屋」を自認する。大学で機械工学を学んだ後、工作機械関連の会社に就職。その後、一気に業務を拡大しつつあった京セラが機械屋をほしがっていると聞き、1973年に入社。稲盛和夫氏が採用の面接官であったが、かなり緊張していたため、「仕事のパートナーと意見が異なる場合、どう対応するか」と質問があったこと以外はまったく覚えていないという。

他の中途採用の社員と同様、即戦力として扱われた塩見氏だが、セラミックについては門外漢であり、独自に学ぶしかなかった。「走りながら学び、考えていく。当時は日本の製造業全体に勢いがあり、どこでもそういう仕事ぶりで、競争に明け暮れていましたね」と当時の様子を語る。

入社後、精密加工事業部、ファインセラミック事業本部、精密開発事業部、経営企画室（経営推進室）、教育部と歴任し、京セラオプテックの常務取締役となった塩見氏に稲盛氏からうけた叱咤激励について伺った。

●本人が一番分かっている

実は、私は稲盛さんに叱られたという記憶がないんです。いや、失敗もたくさんしていますし、直接注意を受けたことも何度もあります。でも、それらを「叱られた」経験とは思っていません。むしろ、いつも励まされてばかりいたという気がします。

技術指導のためアメリカに派遣されたときの話です。この時は時間ばかりかかって、数億円のキャンセルが発生し、大きな損失を出してしまいました。アメリカまで来て、会社に対して申し訳ないという気持ちが強くありました。それで、日本にいる稲盛さんに電話をしたのです。ちょうど出かけられていたので、秘書の方を通して連絡先を聞いて、やっと連絡がつきました。

こちらの事情を説明して、とにかく謝ったのですが、この時は一切叱られませんでした。「心配することはない」と逆に励まされたのです。

稲盛さんは、ミスを自覚して、ひたすら謝ろうとしている社員を叱ることはなかったように感じます。何がいけなかったかは、本人が一番よく分かっているということなのでしょう。むしろ励ますことで、明日からの仕事に精を出すようにした方がいいわけです。

稲盛さんが叱る時というのは、ミスの自覚がない者、または反省しない者、そうした社員には厳しい言葉で接していました。

工場に稲盛さんが視察に来られる時は、確かに工場内がぴりぴりしたムードに包まれます。

ファインセラミック事業史プロジェクトのメンバーと共に（2011年7月）
塩見氏（前列左）と稲盛氏（前列中央）

机から床まできれいに磨かれますし、道具などは整理整頓され、無駄口や雑音はまったく聞こえなくなります。

もしかしたら、初めは稲盛さんに厳しく叱られて、改めたことかもしれませんが、そのうちに工場内を整理整頓しておくことが、どれだけ仕事を進めるうえで重要かが分かってきて、その状態が当たり前になっていったのです。無駄口や雑音もそうです。余計な音が聞こえると、本来の機械の駆動音が聞こえなくなってしまいます。この駆動音の微妙な差異が、実は機械の調子を計るバロメーターになってくるのです。優秀な技術者は機械のちょっとした動作音の違いから、機械の異常を察知したりするものなのです。

稲盛さんの視察時に、改めて工場内がきちんと整えられるようになったのは、むしろ稲盛さんに「これだけ素晴らしい工場だと見てもらいたい」という思いからでしょう。私たちは仕事に対してとても気を遣っていますよ、と知ってもらいたい。ダメな職場とは思われたくない。そうした気持ちの表れです。

●若い技術職が羽ばたく場を提供

私が入社した当時は、他の企業間の開発競争が熾烈《しれつ》で、寝る間も惜しんで仕事をしていました。夕飯を午後11時前に食べた覚えがないほどです。そうした努力の末に新しい製品ができたりすると、嬉しくてしょうがない。稲盛さんにそのことを報告すると本当にうれしそうな表情で聞いて下さるんです。

技術屋というのは新しいことに挑戦するのが好きなものなんです。言われなくても無我夢中で取り組んでいきます。とくに京セラはセラミックではトップランナーでしたから、その自負もありました。新しい技術を使って新しい分野にチャレンジする、そのことが楽しいし、やり甲斐につながっていったのです。とにかく、現場の若い技術屋が創意工夫を凝らしていきました。

そうした若い連中に、稲盛さんは多くの裁量権を委ねてくれたものです。もちろん予算の枠はあるけれど、その範囲内なら自由に開発研究をしていいとなっていた。これは技術者にとっては最高の場です。

ものを作る、お客様に納める、お客様が喜ぶ、その姿を見て私たちもうれしい。また、稲盛さんが工場に来ると新製品を稲盛さんに説明に行きます。セラミックの応用範囲が広がったというような説明をすると、一緒に喜んでくれる。その笑顔を見て、また私たちも嬉しくなりました。

●若い頃の苦労話を披露して若い社員を力づける

今でも私の自慢の一つは、稲盛さんに若い社員向けの講演をしていただいたことです。私が教育部長をしていた頃のことですが、稲盛さんから若い社員に何か話をしたいので、テーマを何にしたらいいかと相談を受けました。

すでに稲盛さんはいろいろなところで講演をされていました。経営者に向かって経営論を語ったり、管理職の者たちにはリーダーシップについて話したりしています。それらの講演は本になったりテープになったりしていました。

さらに調べていくと、稲盛さんがほとんど話していないことがありました。それは若い社員が悩みにぶち当たった時、どうしたらいいかを語る、というような講演です。仕事で壁にぶつかる、転職を考える、友人関係、恋愛問題など、さまざまな悩みがあります。経験を積む前の社員に対して、何かアドバイスをしてもらえないか、そうお願いしました。

稲盛さんもそのテーマには納得して下さり、若い時の片思いをした話、同僚の妬みに悩んだこと、同僚に足を引っ張られ、泣くこともあったこと、そんなエピソードを赤裸々に話されたのです。

これまでの稲盛さんは一種のスーパーマンのような存在で、ずっと強いままでいたという印象がありましたが、決してそんなことはありません。弱かった時代もありますし、陰では泣いたこともあったのです。そうした話をすることで、若い社員たちにはずいぶんと励みになったようです。このことが私の自慢になっています。

もう一つ、稲盛さんとの素晴らしい思い出として、「玉器《ぎょっき》プロジェクト」があります。これは梅原猛先生から稲盛さんに依頼があったもので、古代中国の祭事に用いられた玉器について調べてほしいというものです。

この玉器は、まだ金属さえない時代に、精巧な加工がなされた装飾品です。その加工技術を調べ読み解くことで、中国文明の始まりは、それまでの定説からさらに数千年さかのぼることになるのです。石の加工ではありますが、セラミックの精密加工に通じるものがあるだろうと、それで稲盛さんに依頼されたようです。

その頃、私は精密開発部門にいましたので、数人の部下と共にこのプロジェクトを担うことになりました。もちろん、業務ではありませんので、一日の仕事を終えた後に携わりました。これは、とてもロマンがあって楽しいプロジェクトでした。

ＮＨＫ（日本放送協会）の番組で、稲盛さんが中国の陶器で知られる景徳鎮を訪ねることになったので、私たちもそれに便乗して、現地で玉器の加工技術を調べることになりました。今思い出しても良い思い出です。

玉器の加工技術を調べていく過程は、後に歴史関係の雑誌に発表されましたが、稲盛さんも一緒に驚いたり、喜んだりして下さいました。この時、とにかく好奇心の強い方なのだと、改めて認識したものです。

●生きたお手本としての稲盛和夫

京セラに入る際の面接で稲盛さんにお会いしてから、すでに半世紀近くが経っています。

この間、稲盛さんの印象というのは、ほとんど変わりません。そして、その言葉にはまったくブレがないのです。かつて話されていたことは、今も同じように話されています。不思議なほど、いや驚くほ

1982年、経営方針発表会にて
マイクを持つ稲盛氏（右端）と向かい合う塩見氏

ど、ブレていません。

これは、稲盛さんがお話をされる際は、常に原理原則に則っているからだろうと思います。人間として何が正しいか、それを軸として判断していく。だから、何十年経とうと変わらないのでしょう。

また、稲盛さんからのアドバイスは、ほとんど間違いがありません。コンパの時に、みんなが稲盛さんを取り囲み、さまざまな悩みをぶつけていたのも、そのためなのです。

稲盛さんは、私にとっては生きたお手本です。それも、最高のお手本です。常に稲盛さんの真似をするように心掛けていましたし、部下にもそうアドバイスをしていました。困ったことがあると、「稲盛さんならどう考えるだろう」「稲盛さんならどう動くだろう」、そのことに考えを巡らせて、それで対処すればいい。それによって苦境を脱したことが何度もありました。

書籍やＤＶＤから学べることもたくさんありますが、かつてコンパなどを通して直接稲盛さんの謦咳《けいがい》に接することができ、お話を聞けたことは、私にとって何にも代えがたい財産になっているのです。

●「お前、一回でも神様に祈ったことはあるか？」

近藤　徹（京セラコミュニケーションシステム㈱　元専務取締役）

京セラの規模がまだ今ほど大きくなく、稲盛氏との距離も近い時期に入社した近藤徹氏。入社後、セラミック事業部の製造課長やプラント事業部事業部長、北見工場工場長、電子機器事業営業本部長等を歴任。退職時には京セラコミュニケーションシステムの専務取締役を務めた同氏に、仕事をしていく中で、稲盛氏からどのような教えや叱責があったのかを伺った。

●面接でいきなり「この会社いつつぶれるか分からんよ」

私は１９６５年入社ですが、父親から面白い会社があるから受けてみろと言われ、親父の顔を立てるために面接を受けました。お盆前の猛暑の中、当時の倉庫を改装した本社へ出かけたのですが、１階には大きな炉があるため、２階の事務所は蒸し風呂状態。汗だくの中で、いきなり当時専務だった稲盛さんに「この会社、いつつぶれるか分からんよ」と言われてビックリ。

さらに、「会社がダメになったらラーメン屋をやる。俺が屋台を引くので、お前、後ろから押してくれるか？」と聞くんですよ。この瞬間、「ああ、この会社、俺には無理だ」って思いました。ところが、2時間の面接が終わると稲盛さんが門までエスコートしてくれ、別れ際に深々と頭を下げて私に言いました。

「君には来てもらうことにするからね」

突然のことで私も思わず、「よろしくお願いします」と返事をしてしまい、そのまま入社が決まってしまいました。

同じ年に大卒10名が入社していますが、当時の社員数は350〜360名ほど。本社はボロボロ、滋賀県に工場が一つでした。きっと会社の将来を見据え、幹部を育てるためだったのでしょう。実際、皆優秀で、家の都合などで退社した者を除いて7名ほどが京セラ関係会社で働きました。我々の代は稲盛さんとの距離が近いというか、同期とのコンパやゴルフコンペにも参加してもらっています。

近藤氏

稲盛さんは相手に合った叱り方をします。中途入社の人や少し気弱なタイプの人にはソフトに、私のように「こいつは辞めないな」という人間にはガンガン叱ります。私も数えきれないほど叱られました（笑）。しかも、会議の席でみんなの前でも叱るんです。ある時は、

「この仕事は、お前がいなくなればうまく行く」

と、仕事ぶりはもちろん、人間性まで全否定されたこともありました。

コテンパンに叱られると、当然こちらも人間ですから腹が立ちますし、稲盛さんを憎らしく思います。でも、稲盛和夫という人は本当に魅力的で、憎いけど大好きなんです。それは稲盛さんの磨かれた個性かもしれないし、純粋な心かもしれないし、自分を捨ててでも他者を愛せる神のような存在だからなのかもしれません。

●パートさんとの情報共有でピンチをしのぐ

入社後、私は滋賀工場に配属されました。セラミック事業部のプレス部門で3直4交代、24時間操業で働いていました。社員のほかに農家のおばちゃんたちがパートで働いてくれていたのですが、稲盛さんは彼女たちに昨日の生産数はいくらで、一人当たりの生産性はどのくらいで、お客さんの反応はどうだったかなど、毎日必ずおばちゃんたちに報告しろと言うわけです。私はおばちゃんに話して一体どんな効果あるんだと思いながら、おばちゃんたちも「兄ちゃん、その話前にも聞いたで」という顔をして聞いていました。

冬のある日、ドカ雪が降ったんです。4番の勤務のおばちゃんたちが帰っても、朝6時スタートの1番勤務のおばちゃんたちが来ない。皆さん自転車通勤だから、ドカ雪で来れないんですよ。仕方なく、寮に住んでいる人を起こしてラインを動かしていたら、なんと7時過ぎるとおばちゃんたちが歩いて出社してくれたんです。遠い人は2時間くらいかかってですよ。おかげで8時にはラインを動かすことができました。もう涙が出るほどうれしかった。

その年の忘年会の席でおばちゃんたちにお酌しながら、「あの時は本当にありがとう。でも、雪の中なんで来てくれたの?」って尋ねたんです。そうしたら、「来んかったら、あんたが困るやろ」と言ってくれたんですよ。なんとみんなで電話をかけあって、「どうするか」相談したらしく、行かないとあの若いお兄ちゃんが困るやろなあと駆け付けてくれたと言うんです。つまり、情報が全体に行き渡り、大体私と同じような考え方をしてくれるおばちゃんがたくさんいた。これこそが、組織の基本、基礎ですよね。

後日、稲盛さんにこの話をしたところ、

「情報を共有し、みんなが同じ考え方、方向でいると、こういう効果があるんだ」

と仰っていました。その時、入社面接で稲盛さんにいきなり「会社がつぶれるかもしれない」と言われたことを思い出しました。稲盛さんというか、京セラには相手が学生だろうがパートだろうが社員だろうが、隠し事がない、常に真実を話している。これが基本中の基本です。

●最後に残ったのが神頼みだけという状況までやったか

滋賀工場では大失敗をやらかした思い出もあります。当時、ＩＢＭからそれまでのセラミックの概念を変えるような難しい商品の開発と製造を任され、その担当になりました。何しろ今まで京セラとして作ったことがないような、仕様書だけで1冊の本になるような大変な仕事で、作っても作っても上の承認が降りず、半年くらい土日も休みなく働いていていました。一方、稲盛さんはこの事業に賭けていたようで、どんどん新しい設備を導入する。しかし、現場ではそう簡単には使いこなせない。

ある日、大型の炉を使って1週間かけて、一度に50万個、今の貨幣価値で2000～3000万円の商品を焼くことになりました。失敗したら全てパーです。もう気が気じゃありません。早く結果を知りたい私は担当者に頼んで炉のふたを開け、中の商品をいくつか出して検品することにしました。ところがこれが、見事に寸法が外れていて、商品として出荷できるのは1割か2割だろうという感じでした。さすがに私は目の前が真っ暗になり、はっきり覚えていないのですが、泣いてしまったと思います。

この時、朝の3時半か4時ごろなんですが、人の気配がして振り返ると、稲盛さんがいらして、泣いている私に

「どうした?」

と尋ねられました。私は「多分、とんでもないことになっています」と報告するしかありません。当然、罵声が飛んでくると覚悟していたのですが、稲盛さんはたった一言、

「お前、一回でも神様に祈ったことはあるか?」

と仰って立ち去られました。その後ろ姿を見ながら私は泣いていました。

それは、その後の私の人生を変えるくらい強烈な体験でした。正直、その時は「何言ってるんだ、神様に祈って何とかなるくらいなら、こんな楽なことはない」とムッとしました。でも、落ち着いて考えに考えて、随分時間がかかりましたが、ああ、稲盛さんは、「お前さん、あとは神様に祈るしかないというくらいまで、全てのことをやったのか」と言いたかったのだと分かりました。そのくらい集中して、寝る暇もないくらい、寝ても覚めても考えて打ち込んで、最後に残ったのが神頼みだけという状況までやったかと尋ねられたわけです。

当時は寝る間もないほど忙しかったのですが、私はそれで仕事をしていると錯覚していました。自分が担当する仕事に対してどれだけ責任を追求し、どれだけ集中して打ち込んでいるか、さらに自分だけではなく一緒に働いている社員やスタッフに対してもそうやって向き合っているか、と稲盛さんは私に問いかけてくれたのです。入社間もない私にとって、この時の問答は忘れられないものとなりました。

●原理原則を守れないやつは仕事をする資格はない

１９７４年、本社に戻り、稲盛さんが本部長を務めていたプラント事業部で働きだします。当時、稲盛さんはソ連との事業を進めており、セラミッククレイアパッケージを作る川内工場と同じものをソ連に作ることになりました。その際、稲盛さんは「今、京セラが持っている、川内工場で使っている最新鋭の設備やソフトやサービスを持っていくように」と指示しました。

大変特殊な炉を4基か5基、ソ連に持っていく予定でしたが、この炉を作ることができる会社は日本に1社しかありません。オイルショックの頃でしたし、4、5基も注文するのだから、それなりの値引きがあるだろうと交渉したのですが、何度話し合ってもさっぱり値段は下がらない。それではあまりに誠意がないと頭にきた私は、実績はないがぜひ作ってみたいという会社に、稲盛さんに相談もせず独断で1基発注してしまったのです。

狭い業界ですから、あっという間に私の暴挙は稲盛さんの耳に入りました。当時、鹿児島にいた私のところに飛んできた稲盛さんは、「俺はお前に〝原理原則を守れ〟と言ったな。川内工場と全く同じものを、そのまま持っていけと言ったな。それなのに、実績もない会社の炉を持っていこうとするとは何事だ。俺は先方に、『この工場の設備も技術も何もかも最新鋭のものを、そのまま持っていきます』と約束した。それを守れないというのは、

完成したセラミック工場の視察
（1977年5月、ソ連にて）
近藤氏（左端）と稲盛氏（右端）

〝原理原則を守れ〟という精神に反するものだ。守れないやつは、仕事をする資格はない」と一刀両断され、私はぐうの音も出ませんでした。

●「善きことは、お前の代に返ってくるとは限らないよ」

私は62歳の時に退任しました。当時は京セラコミュニケーションシステムで営業担当をしており、自分としてはもう少し働きたかった。ところが、母親が認知症になり、一人息子で父親を早くに亡くした私としては、どうしたものかと思い、稲盛さんに相談しました。

よく考えて自分で決めろと仰るだろうと思っていたのですが、なんと「会社はもういいから、お母さんの面倒をみなさい」の一言でした。仕事より親や家族を優先する、自分を育ててくれた親の面倒を見るのは当たり前。いかにも稲盛さんらしいですよね。

稲盛さんは仏教の「輪廻転生」を信じておられます。運命は決まっているが考え方で変えていける。だから、正しい方向に善きことをなせ。そうすれば、それは必ず自分に返ってくる。何十年もずっと、そう教えて続けていますよね。

でも、私にはどうしても腑に落ちないことがあり、ある時稲盛さんに「会長のおかげで生活に困ることもなく、素晴らしい人生です。ただ、『善きことを積み上げてきたら自分に返って

くる』という実感はいまひとつないのですが」と尋ねたことがあります。そうしたら、稲盛さんは私の顔を見て、

「お前の代に返ってくるとは限らないよ」

と。でも、まだ私は「それはずるくないですか？」と思っていました。すると、ある時、こう言われたのです。

「この宇宙が生まれて130億年、地球が生まれて40億年。その時の流れを見てごらん。例えば、地球上では太陽とちょうど良い距離があって、水の惑星になって、生命が発生して、時々隕石がぶつかって恐竜が全滅することもあるけど、全体の流れを見たら良い方向へ流れているよね。そうやって宇宙全体の尺度で見ると、良い方向、良い方向へと流れている。それは、善きことを積み重ねていくという考え方と一緒で、そういう流れの中に私たちはいる。実際、人類はここまで発達して、どんどん良くなっている。そうした事実を見たら、そうするしか仕方ないだろ」

なるほど、稲盛さんの精神文化と宇宙の流れが融合し、一つのロジックが完成したのでしょう。さすがですよね。それでいくと、今は新型コロナウイルスで試練の時だけど、これも多分克服して、人類は次の段階に行くことになります。私自身は、何が正しいか、とにかく考えながら余生を送っていこうと思っています。

●「分かりました」と答えても「分かっていない」と怒鳴られた

宮前 武彦 ㈱タイトー 元代表取締役専務

京セラに初の新卒定期採用として入社後、株式会社タイトー代表取締役専務を務めた宮前武彦氏は、同社を退職した現在、地域のボランティア活動などに積極的に参加し、充実した日々を送っている。そこには、稲盛名誉会長からの指導や同社で学んだ考え方が生きているという。まだ150名ほどの従業員しか抱えていなかった、設立間もない京セラに入社した宮前氏が、稲盛名誉会長から直接学び、現在の生き方にもつながっていることとは一体何だろうか。

●不安をなくす一言

「初めての新卒定期採用として迎えていただいたことは大変嬉しいです。ただ、セラミックのことは何も分かりません」

1963年4月1日に入社後、約1週間の研修を終え、歓迎会兼懇親会としてコンパを開いていただき、お酒が入り、徐々に和やかな雰囲気になった席で、稲盛さんにそう訴えました。私だけでなく、同期の7人も同じようにセラミックの知識がなく、不安を抱えていました。す

ると稲盛さんから、

「大学を出たからと言って、大学で学んだことがすぐに役立つような仕事はないんだよ。与えられた仕事を一生懸命に努力することで、能力も知識も身に付くはずだから心配しなくていいんだよ」

という趣旨の温かい言葉を掛けていただき、安心したのを覚えています。

前年、大学4年生だった私は就職活動のため、ゼミの丸山教授に相談に行くと、「京セラという、設立からまだ3年目の会社がある。毎年、売上も倍々で伸び、前途有望な会社だ。社長の青山政次君と私は学生時代からの友人で、君に向いていると思うが、どうかね？」と勧められ、面接を受けに行きました。急成長している企業と聞いたので、さぞ立派な建物なのだろうと本社へ向かうと、当時はまだ宮木電機製作所の倉庫を借りて営業していました。面接を受けるべく階段を上がると、ミシミシと音がしたのを覚えています。全従業員は150名ほどだったと記憶しています。青山社長から「丸山君から君のことは聞いている。我が社は、猫の手も

宮前氏（入社1年目）

借りたいほど忙しい。明日から大学が休みの間、アルバイトをしないか」と言われ、それが入社の条件だと思ったので、快諾しました。約2カ月間のアルバイト期間で製造工程を順次学び、終わる頃に内定をいただきました。ただ当時、稲盛さんはアメリカへ長期出張中で、一度も顔を合わせることはありませんでした。ですから、先ほどのコンパで初めて稲盛さんとお話をさせていただく機会を得たのです。

●本当の意味での理解

当時、京セラは受注生産のみでしたが、今後はテレビをはじめとするセラミック製品を使用した家電製品が普及し、特にセラミックチップコンデンサの市場が伸びるという予測のもと、研究、開発を始める段階でした。そして研修後、私が配属されたのはセラミックチップコンデンサの研究部門でした。セラミックの知識はほとんど無く、研究などできるのだろうかと考えていましたが、セラミック博士の上司の指導を受け、研究助手のような仕事に1年間従事しました。1年後には市場でも通用するのではないか、という評価をいただける製品を開発することができました。それを滋賀工場での製造を検討するためメタライズ部門に配属となり、途中から工程管理も担当しました。

ある日、稲盛さんが突然、工場視察に京都から来られました。稲盛さんは、工場や事務所を

見渡すと

「宮前、ちょっと来なさい。事務所の机は横から見ても、縦から見ても1ミリの狂いがないように整然と並べなさい。作業台にしても同じだ。掃除も不十分だ。そういうところをしっかりとしなければ、お客様が納得する商品を作ることはできないぞ。一時、生産を中止して掃除から全てやり直しなさい」

と指導を受けたのを覚えています。

その後も3年間、工程管理を担当し、工程管理と営業部門との橋渡し役を務めました。その頃の京セラは、本社に4～5名から成る関西営業部と数名の貿易部、5～6名から成る東京営業所という営業体制でした。ある日、関西営業の一人が急病を患い、数カ月の治療を要することになったのです。担当者が回復するまで営業部門の手伝いに行きなさいと、上司から辞令を受けました。その後、関西営業所長も務め、18年間が経過しました。

この間はよく稲盛さんからご指導を受けたものです。当時は、ミスをすると始末書を書かなければいけなかったのですが、私は10回以上書きました。当時の営業部門では一番多かったかもしれません。社長室に呼ばれると「何かミスをしたかな」といろんなことを思い返しながら向かったものです。社長室で、なぜミスをしたのか、その経緯を説明すると、稲盛さんから色々とご指導を受け「分かったか？」と聞かれます。「分かりました」と答えても、当時稲盛さんは私の心を読んでいますから「分かっていない」と怒鳴られます。早く社長室から逃げ出

したい一心で、知らず知らずのうちに、言い逃れや言い訳をしてしまっていたのです。やっと稲盛さんの真意を理解したときには、

「分かればいいんだよ。いつまでもクヨクヨするな。クヨクヨするのは健康にも良くない。これを教訓に同じ失敗を繰り返さないようにしよう」

というようなご指導を何度も受けました。京セラは、動機が善であれば失敗も許してくれました。一方、不純な動機での失敗は厳しく指導を受けました。

●考え方の重要性

関西営業所で18年目の3月、社員食堂で昼食を取りながらテレビを見ていると、京セラがカメラメーカーのヤシカを吸収合併するというニュースが飛び込んできました。当時は、名門のヤシカを蛇に、京セラを蛙にたとえ、「蛙が蛇を飲み込んだ」と世間では揶揄《やゆ》されたものです。ニュースから数日後、社長室へ呼ばれると、稲盛さんから「ヤシカを吸収合併したのは知っているな。カメラの営業へ行ってくれ」とお話をいただきました。光学やカメラの知識がまったくない私は困惑しました。「そんなことは分かっている。ヤシカの社員は優秀で立派な方ばかりだ。その社員の方々に今後もハッピーになってほしい。ぜひ、京セラで学んだことを伝えてほしい」と仰っていただきました。

京セラの考え方、そして稲盛さんから学んだことの一つは、仕事の結果、人生の結果は考え方、能力、熱意の3つの掛け算だということです。能力や熱意がない人はいないが、考え方はマイナス100~プラス100まであるはずだと。マイナスの考え方というのは、私利私欲が強く、自分さえ良ければよいという私心にまみれている。プラスの考えとは利他に富んだやさしい心であり、そうした心の大切さ、思いの大切さを伝えることと思っています。稲盛さんに「私の分身として、その考え方をヤシカへ浸透させてほしい」。そう言われ、光学部門の国内営業の責任者として勤めました。就任当初はマイナスだった決算も、徐々に改善することができました。5年目にはプラスマイナスゼロ、10年目には10億円ほどの黒字になったと記憶しています。

●人の役に立つ

カメラの国内営業の責任者をしていたので、家電量販店との付き合いがありました。そこで、家庭用のカラオケ機器を販売する予定だったタイトーへ専務取締役として配属されました。8年間在職した頃、ふと「これからは趣味趣向を生かしながら、自分なりの新たな人生を過ごしたい」、そう思い退職の意向を伝えに稲盛さんのもとを訪れました。「元気で若いんだから、まだ仕事を続けられるのではないか」と言われました。「自分の人生を楽しく生きたいのです」と伝えると、笑いながら「否定はしないが、それだけでは困る。趣味を生かしながらも、地域の人たちの役に立つこともすると約束してほしい」と稲盛さんは仰いました。

退職後、稲盛さんとの約束を少しでも守りたいと思っています。現在はマンションの役、地区の役、神社の役、見守り隊の役などのボランティア活動をしています。結果として素晴らしい友人たちとの交流が増し、楽しく過ごしています。

活動をしながら、「静かな湖面に石を投げると、その波紋は岸に返ってくる。つまり自分に返ってくる。悪い石を投げれば悪いことが、良い石を投げれば良いことが必ず自分に返ってくる。利他の心を大切に、思いを大切に少しでも善いことをしなさい」といった稲盛さんの言葉を思い出しています。

宮前氏（現在）

●「来期もうまく行くとは限らないぞ」

右成　勝一（京セラ㈱　元取締役）

東南アジアの拠点として設立された京セラ香港の責任者として、香港に赴任した右成勝一氏。その後も稲盛氏からの教えを受けつつ、伸び行く東南アジアでの営業活動やブラジルでのカメラ事業の展開など、海外を中心に活躍されてきた。

海外で業務を進める中で受けた稲盛氏からの教えや、肌で感じた稲盛氏の洞察力の鋭さなどについて伺った。

●香港返還による景気の悪化で大ピンチに

私が京セラに入社したのは、1973年、32歳の時でした。大学卒業後、名古屋の機械メーカーに就職しましたが30代になり、より将来性のある業界で働きたいと考えていました。そんな時、偶然新聞の求人欄で京セラの募集を知り、応募しました。面接の際、「今の会社には将来性が感じられず、夢が持てない」と話したところ、稲盛社長が「それは役員が頼りないからだろう」

と仰ったことを覚えています。当時の京セラは積極的に海外展開をしていこうという時期で、前職でも輸出管理を担当し、英語ができたこともあり、無事に採用していただきました。

入社後は本社の貿易部に配属され、東南アジアを担当しました。それまで1台いくらという生産財を販売する世界にいましたから、最初の頃は部品1000個でいくらという感覚に戸惑いました。でも、会社も社員も若く、活気がありましたね。コンパの席には稲盛社長も同席し、大学を卒業したばかりのような若い社員の話もいつもトコトン聴いてくださり、いろんな話を伺いました。気が付くと真夜中を過ぎていることもありました。

毎月の売上目標は先月の実績を上回る数字を上げ、そしてそれを必ず達成するというのが会社の方針でした。毎朝の朝礼でグループごとに月次目標に対する進捗状況が報告され、先行しているグループはさらに高い数字を、そして遅れているグループはいかにして遅れを取り戻すかが説明されていました。私には驚きでしたが、素晴らしいと思ったことを覚えております。

つまり、会社の現状を新入社員も若い社員も皆知っている、ガラス張りの経営を実践していたわけです。会社がどのくらいもうかっているかはもちろん、損しているかも全社員に知らせるというのは、なかなか勇気のいることだったろうと思います。でも、本人が大したことない、小さなことだと思っていることが、意外と大ごとになることはありがちですよね。稲盛社長の経営方針は、社員は全員ファミリー、隠しごとはアカン、嫌なことや、難しいことほど最初に言え、なんです。

入社後は2～3カ月に1度、香港、台湾、シンガポールなど東南アジア各地に出張していましたが、ついに1977年12月、東南アジアの拠点として京セラ香港を設立し、その責任者として赴任しました。設立のセレモニーには稲盛社長もご多忙にもかかわらず出席してくださいました。「お前に任せる」と言われた時は、嬉しかったですね。

京セラ香港開設パーティーにて（1977年）
右成氏(右から3人目）と稲盛氏(右から4人目)

その後、シンガポールや台北にも事務所を設立。1992年に帰国するまでの15年間、稲盛社長から会社の経営について、会議の席や香港にお越しの際に直接ご指導いただく機会に恵まれました。それまでずっと営業の前線で働いてきましたので、会社の経営については未知の世界で緊張もしましたが、新しい挑戦ととらえ挑んでいきました。

世界経済の潮流の中で様々な出来事がありましたが、ピンチといえば1984年、香港が1997年に中国に返還されると明らかになった時です。一気に景気が悪くなり、取引先の中には倒産するところもありました。不良債権を発生させてはいけないと注意はしていたのですが、残念ながら不良債権になりかねない問題を発生させてしまいました。私としては、何とか本社に報告する前に、現地で解決したいと考えていました。

ところが、本社から監査が入り、稲盛社長に報告が行ってしまったんです。当然、不良債権が出るかもしれないことを叱責されると覚悟していたのですが、稲盛社長からは
「問題が発生した時はまず報告しなさい。一人で抱え込むな」

と諭されました。問題を隠そうとして自分だけで何とかしようとすると、結局泥沼にはまる。小さな穴は大きな穴になる。まさに、入社当時から稲盛社長が仰っていたことです。とはいえ、いざわが身に降りかかると、現場を預かる者としては何とか自分の手で納めたいと空回りしてしまう。しかも、上の人間がやると、下の人間もそれを真似てしまうんですよ。それは絶対にやってはいけないと、この時骨身に染みました。

この後、一人で抱え込まなくてもよいと言われて心に余裕ができたのか、それなりに債権も取り戻すことができました。

●ビジネスは熱さと冷静さのバランスが大事

香港時代、もう一つ稲盛社長に叱られた記憶があります。赴任して3～4年ほど経った頃のことです。売上げに比べて営業所の人数は少なく経費が少ないため、お金は貯まるわけです。会議出席のために帰国した際、稲盛社長に「やっと利益も貯まり、会社の経営も楽になりまし

た」と報告しました。私としてはよくやったと褒めてもらえると思ったのですが、返ってきた言葉は

「経営はゲームと同じ。野球で言えば9回が終われば終わり、次の試合はまた新たな気持ちで臨む。経営も今期は今期、来期は来期。過去の結果に甘えてはいけない。今期うまく行ったからと言って、来期もうまく行くとは限らないぞ」

と私の甘さをズバリ指摘されました。過去の財産を当てにせず、新たな気持ちでさらなる改善に取り組まなくてはいけない、そう教えられました。おかげで慢心することなく、絶妙なタイミングで叱ってもらえたと感謝しています。

稲盛社長の経営者としての冷静さに驚かされたこともあります。稲盛社長が要人との会議のために北京にいらした時、たまたま私も営業で北京を訪れており、お目にかかる機会がありました。80年代後半の中国は成長すさまじく、攻め時だと思っていた私はおこがましくも稲盛社長に「こんなに伸びている時ですから、多少無理をしてでも食い込んでいくべきですよ」と意見しました。ところが稲盛社長は一言、

「それは違うぞ」

と。そして、

「確かにこの国が伸びているのは事実だが、不確定な部分もある。いいところをばかり見るような大雑把なことをしてはあかん。こんな時こそ、問題点をきちんと見ないといかん。経営は

熱い目と冷めた目のバランスが大事なんや」

と仰いました。

その1、2年後の1989年に天安門事件が起こった時には、さすが社長とうなりましたよ。大きな潜在力を感じる市場を目の前にすると、とにかく挑戦してみたいと思うのが普通だと思います。でも、稲盛社長は違った。実際、中国の市場はトップの方針で大きく変わる不確定な部分があります。社長の冷静さ、洞察力に感服しました。

まさに伸び行くアジア、成長するアジアを肌で感じた15年間は、エキサイティングな日々でした。

●ブラジルのカメラ工場「ガラス張りの経営」を実践

1990年、49歳でありがたくも京セラの取締役に就任しました。とはいえ、ずっと営業畑を歩いてきた私は、損益計算書やバランスシートなどの読み方さえよく分かりませんでした。でも、経営会議ではそれらのデータをベースに報告しないといけません。あたふたしている私に、稲盛社長は叱りながらも発表方法などを教えてくださいました。

1992年に帰国しましたが、2000年に京セラブラジルの社長に就任、ブラジルでの生活をスタートします。アジアやアメリカなど、北半球の市場は経験があるものの、南半球での

2001年、京セラブラジルにて
右成氏（前列右端）と稲盛氏（前列中央）

仕事は初めてです。ポルトガル語が主で英語は従というコミュニケーションに最初は戸惑いました。

当時ブラジルには、京セラのカメラ工場がありました。京セラの単焦点カメラは現地で大変人気があり、高いシェアを誇っていました。懸案だったハイパーインフレも１９９８年に就任した優秀な大統領のおかげで収まり、さあ、これからというタイミングでブラジルに渡ったので、順調に業績を伸ばすことができました。

また、現地では「ブラジル盛和塾」の活動にも参加させていただきました。小規模ながら皆さんとても熱心で、仕事を終えた夜９時ごろから事務所に集まって勉強していました。サンパウロ中心でしたが、中には飛行機で３時間かけてアマゾンのジャングル近くから参加されるメンバーもいました。稲盛社長も３度くらいでしょうか、ブラジルを訪問されています。

2006年にも稲盛社長は、盛和塾での講演のためブラジルを訪れました。京セラのカメラの売れ行きも好調でしたから、私も今回こそ褒めてもらえると期待していたのですが、稲盛社長の口から出たのは思いもよらぬ言葉でした。なんと、

「カメラ事業を売ることを考えろ」

と指示されたのです。

私にしたら寝耳に水、「えっ?」という感じでした。今は確かに売れているが、これからはデジタルカメラの時代になる。残念ながら京セラはデジカメ分野では苦戦を強いられている。先は見えているので、今のうちに撤退しろと仰るのです。

仰ることはごもっともですが、現地の従業員にしたら「売れているのにどうして?」ですよね。でも、結果として撤退は上手くいきました。その大きな要因は「ガラス張りの経営をする」という稲盛社長からの教えを守ったからです。従業員は会社の現状をきちんと理解してくれました。例えば、撤退となれば在庫を売り切らないといけません。でも、たたき売ればいいわけではない。従業員の皆さんも協力してくれ、大きな赤字を出さずに済みました。

一番大変だったのは、従業員の解雇です。当時200名ほどおりましたし、ブラジルは労働争議に厳しく、解雇すると問題が起きることが多いのです。幹部に丁寧に説明し、さらに特に若い従業員には次の職場を手配するなど、すぐに働けるようにサポートしました。おかげでトラブルもなく、無事に撤退することができました。全ては稲盛社長の指示と教えのおかげです

が、この時は社長からも「撤退は進出よりも難しいと言われているが、ご苦労だった」とお褒めの言葉を頂戴しました。

コロナ禍の今、皆さん本当に大変だと思います。だからこそ、私が稲盛社長から教えていただいた「難しいことでも勇気をもって実行すること」、そして「(ビジネスなのだから)本当のことを言わんでもいいが、嘘はつくな」など、普遍的なメッセージをいま一度皆さんにお伝えできればと思います。

これが稲盛さんのリーダー教育か、と非常に感動しました

宍戸　尚子（日本航空㈱　意識改革推進部部長）

日本航空（ＪＡＬ）が経営破綻した際は、客室乗務員をしていた宍戸氏。現在は、意識改革推進部部長、ＪＡＬフィロソフィ担当部部門長として、ＪＡＬフィロソフィを浸透させるべく奮闘している。稲盛氏にもたらされた哲学の現在を伺った。

一人ひとりに手渡されたＪＡＬフィロソフィ手帳

経営破綻当時、私は、チーフキャビンアテンダントという客室責任者でした。グループ社員の３割にあたる約１万６０００人以上がＪＡＬを去っていく中で、ＪＡＬ再生のために京セラから来てくださった稲盛さんにすがるしかない、という思いで乗務を続けていました。

経営破綻から１年後の２０１１年１月19日に、ＪＡＬフィロソフィが策定されました。ＪＡＬフィロソフィは稲盛さんの教え、京セラフィロソフィをベースにＪＡＬ社員が作ったもので、40項目をまとめたＪＡＬフィロソフィ手帳が、グループ全社員に一斉配布されました。

客室乗務員は世界中を飛び回っていますので、それぞれ帰国する日の何時に渡すということ

が事前に決められて、上司からJALフィロソフィの意義を伝えたうえで、一人ひとりに手渡されました。

JALフィロソフィには、「人間として何が正しいかで判断する」「常に謙虚に素直な心で」「真面目に一生懸命仕事に打ち込む」など、人間として持つべき基本的な考え方が並んでいます。

初めてJALフィロソフィを読んだときは、素晴らしい指標に対する感謝の気持ちというよりは、〈こういう基本的なことを学び直さなければならないくらい、私たちはダメなのか〉というショックの方が大きかったのを覚えています。

●現場社員から見た稲盛和夫氏

稲盛さんは厳しい方だということは社内でも知られていました。ある役員の発言に激昂《げきこう》して、おしぼりを投げつけた、などという噂を聞いたこともあります。しかし、現場のスタッフに対して怒られたという話は、聞いたことがありません。社員にはいつも優しい笑顔で接してくだ

宍戸氏

さいました。

ある時、こんなことがありました。役員会で稲盛さんが激怒して席を立ち、廊下に出られたとき、ちょうどそこに女子社員が2人、歩いて来ました。稲盛さんは表情を一変させて、にっこりと女子社員に笑いかけられたそうです。

私が稲盛さんに初めてお目にかかったのは、成田空港のオペレーションセンターへ現場訪問された時でした。稲盛さんが通路を歩かれるのを、私たち社員は廊下の左右に広がって、まるで駅伝の選手を沿道で応援するように拍手でお迎えしました。稲盛さんは、両手を合わせて、拝むような姿勢で私たちに応えてくださいました。

客室乗務員の中には、稲盛さんが出張で搭乗された便でサービスに当たった者も多くいます。京セラの名誉会長としてお乗りになる時はビジネスクラスをご利用になりますが、JALの会長（後の名誉会長）として搭乗される時は、エコノミークラスの、それも最後列の座席に着席されます。周囲に赤ちゃん連れのお客さまや、ご高齢のお客さまがいらっしゃると、手荷物の収納などを手伝ってくださったそうです。

●破綻後のリーダー勉強会

2010年6月に稲盛さんが経営幹部（約50名）を集めて「リーダーとしてあるべき姿」に

ついて話をされた「リーダー教育」をスタート地点として、その後、役員・部長級社員（約250名）を対象とした「リーダー勉強会」を毎月1回開催しています。

また、課長級社員（約3000名）を対象としたリーダー勉強会も続けて開催され、2011年に管理職に昇格した私も、この勉強会に参加しました。私たちが学んだのは、稲盛さんの「稲盛経営十二カ条」（本稿末尾に掲載）でした。最初に稲盛さんの講話をビデオで観て、グループディスカッションを行い、レポートを提出しました。

意義・目的を明確にして部下に伝えること、常に明るく前向きに、謙虚な姿勢を忘れないこと、誰にも負けない努力をすることなど、リーダーとして持つべき考え方について、3日間、シャワーのように講話を浴び続けました。マネジメントの手法ではなく、「人間として何が正しいか」という判断基準を持つこと、人格面において優れたリーダーを目指すことが大切だということを学びました。〈これが稲盛さんのリーダー教育か〉〈こういうことが管理職に求められているんだ〉と、非常に感動したものでした。

管理職、一般職を問わず、グループ全社員を対象としたＪＡＬフィロソフィ教育（現ＪＡＬフィロソフィ勉強会）も2011年よりスタートしました。ＪＡＬフィロソフィ40項目の中で好きな項目は「物事をシンプルに捉える」です。物事を複雑に考え過ぎず、シンプルに捉えることで、物事の本質が分かり、その結果正しい判断ができるのです。

また、困難な状況を乗り越えていくためには、創意工夫を重ねていくことが重要ですが、それに対応するのが、第2部第5章「常に創造する」の中の5項目です。未来に向かって挑戦、成長していくために、必要なフィロソフィだと思います。

●続くつながり

ＪＡＬフィロソフィや部門別採算制度の導入を経て、弊社の業績は驚くほど改善していきました。ところが、しだいに慢心や傲りが広がっていったのかもしれません。２０１８年と２０１９年、社員の飲酒に関わる問題により、ＪＡＬは二度の事業改善命令を受けました。「ＪＡＬフィロソフィを学んでいるのに、どういうことか」と社内外から問われることにもなりました。

２０１７年に意識改革推進部に異動し、リーダー勉強会やＪＡＬフィロソフィ勉強会を担当していた私は、これらの反省点から、２０１９年に「ＪＡＬフィロソフィの学び直しと実践」をテーマに掲げて、「ＪＡＬフィロソフィの本質を理解し、業務の中での実践につなげる」ことを目的とした勉強会を開催することにしました。具体的には、フィロソフィ項目を一つずつひも解いて理解する形式から、ＪＡＬフィロソフィ全体を捉えて自分の仕事に落とし込む、という形式に仕切り直しを行ったのです。

この勉強会では稲盛さんの言葉を参加者に伝えたいと思い、稲盛さんにインタビューをさせていただきました。２０１９年３月、京都にある京セラ本社の執務室で稲盛さんにお目にかかりました。87歳（当時）というご高齢にもかかわらず、私たちの話に真剣に耳を傾けてくださり、次のような言葉をいただきました。

「人生、二度と同じ道を歩くことはできないから、今自分が歩く道を真面目に一生懸命生きていこうと努力することが大事。

目の前にあることに対して全身全霊をかけて努力すると、自分でも信じられないくらい素晴らしい未来が開けてくる。ＪＡＬのような立派な企業に入ったらなおさらのこと、自分の素晴らしい環境を無駄にしてはいけない。その会社を良いものにしていこうという努力をしてほしい」

ＪＡＬや社員を思ってくださる厳しくも温かい稲盛さんの言葉を、本当にありがたく伺い、勉強会の教材の中で参加者に紹介しました。

現在航空業界は、新型コロナウイルスの影響で、未曾有《みぞう》の危機に直面しています。ＪＡＬが経営破綻した時でも、飛行機の運航は一切止まりませんでしたが、今回は減便に次ぐ減便で多くの便の運航が止まっています。

この困難を乗り越えるためには、社員がモチベーションを高く持ち続けることが重要です。ＪＡＬフィロソフィ勉強会をオンライン開催に切り替えたことで、国内外の社員の部門を越えたコミュニケーションの機会となり、相互理解とモチベーションの向上につながっています。

私（現・意識改革推進部部長）は、部のメンバーにこう話しています。

「私たちのミッションはＪＡＬフィロソフィを基盤とした意識改革の取り組みを通じて、社員のモチベーションを高めることです。コロナが収束したら、航空需要は必ず、急激に戻ります。それまで、全社員がベクトルを合わせて困難を乗り越え、反転攻勢に備えるよう、ＪＡＬフィロソフィのさらなる浸透に努めていきましょう」

［稲盛経営十二カ条］

一、事業の目的、意義を明確にする
公明正大で大義名分のある高い目的を立てる

二、具体的な目標を立てる
立てた目標は常に社員と共有する

三、強烈な願望を心に抱く
潜在意識に透徹するほどの強く持続した願望を持つこと

四、誰にも負けない努力をする
地味な仕事を一歩一歩堅実に、弛まぬ努力を続ける

五、売上を最大限に伸ばし、経費を最小限に抑える
入るを量って、出ずるを制する。利益を追うのではない。利益は後からついて来る

六、値決めは経営
値決めはトップの仕事。お客様も喜び、自分も儲《もう》かるポイントは一点である
七、経営は強い意志で決まる
経営には岩をもうがつ強い意志が必要
八、燃える闘魂
経営にはいかなる格闘技にもまさる激しい闘争心が必要
九、勇気をもって事に当たる
卑怯な振る舞いがあってはならない
十、常に創造的な仕事をする
今日よりは明日、明日よりは明後日と、常に改良改善を絶え間なく続ける。創意工夫を重ねる
十一、思いやりの心で誠実に
商いには相手がある。相手を含めて、ハッピーであること。皆が喜ぶこと
十二、常に明るく前向きに、夢と希望を抱いて素直な心で

●「リーダー層が燃えなくてどうする。皆で燃えましょうや」

竹村　陽介（日本航空㈱　767運航乗員部副操縦士）

パイロットを目指し、訓練を続けていた竹村陽介氏。突然の日本航空（JAL）の経営破綻により、運航乗務員訓練生の訓練は中断され、意識改革推進準備室への異動を余儀なくされる。破綻したことへの戸惑と、再生への思いの間で葛藤を抱える中で、JALフィロソフィ策定にも携わった同氏に、当時の様子を聞いた。

●破綻により運航乗務員訓練の中断

JAL破綻のニュースをインターネットで知ったとき、〈入社して間もないのに、なぜだ〉と戸惑い、破綻という現実を受け止められませんでした。当時、私は入社2年目で、運航乗務員（パイロット）になるためにアメリカで訓練を受けていました。

私は小さい時から飛行機が好きで、大学在学中にJALが運航乗務員訓練生を募集していることを知り、健康だったこともあり、入社することができました。入社当時には知らなかったことですが、運航乗務員の適性として、コミュニケーション能力があって冷静な判断ができるなど、人としてのバランスの良さが重視されていることを後で知りました。

ＪＡＬが経営破綻したことで、われわれ訓練生は、帰国して旅客スタッフとして空港に配属されることになっていました。ところが、私の場合は帰国３日後に電話がかかってきて、「〇日に、この場所に行ってほしい」とだけ指示を受けました。何も分からずに行くと、そこは意識改革推進準備室（現・意識改革推進部）でした。

ＪＡＬを再生するために、会長としてお出でになった稲盛さんは、「社内の構造改革や組織改革よりも、社員の意識改革が必要だ」というお考えでした。意識改革を推進し、浸透させるための部署が意識改革推進準備室でした。

竹村氏

この部署の目的は２つありました。一つはＪＡＬフィロソフィを浸透させること、もう一つはフィロソフィを基に、リーダー層を教育することでした。ＪＡＬフィロソフィとは、ＪＡＬの社員が意識改革を行うために策定された、「全社員が持つべき意識・価値観・考え方」です。
稲盛和夫という名前を聞いて、漠然とすごい経営人だと知っていましたが、それ以上は何も知りませんでした。正直に言うと、入社する前からメディアの報道などで、ＪＡＬの経営が健全ではないことを薄々感じてはいました。それだけに、稲盛さんのような人に外部から再生のために来ていただくのは良いかもしれないと思ったのを覚えています。

新しい部署に配属されてから10日ほど経って、初めて稲盛さんにお目にかかりました。その時、私は稲盛さんから、「申し訳なかったね。悪かったね」と思いがけない言葉をかけられて、とても感激したのを覚えています。

●リーダー層が燃えなくてどうする

稲盛さんは気さくで、現場の人間には優しい方です。秘書がお茶を持っていくだけでも、「ありがとう。ありがとう」とお礼を仰います。小さなことでも、感謝されます。私を含めて、現場の社員で稲盛さんから叱られた人はほとんどいないでしょう。

その一方で、リーダー層となる幹部には、稲盛さんは厳しく指導をされました。

リーダー層への教育は、幹部から始まって部長クラス、課長クラスと順に行われました。教育は、稲盛さんの講話から始まり、ディスカッション、そして軽くお酒を飲みながら話し合うコンパで構成されていました。勉強回数は、クラスごとに20回以上にも及びました。

ある時、課長クラスのコンパで、稲盛さんが参加された6名ほどのテーブル席にいた、ある課長が尋ねました。

「どれくらい本気で、ＪＡＬを再生できると思っているんですか？」

その課長は、お酒が入った勢いもあって、軽い冗談のつもりで言ったのかもしれません。

それを聞いた稲盛さんは、「ちょっとマイクをくれ」と突然強い口調で指示されました。それまでも、特別な話があったり、いい話が出たりした時などは、稲盛さんはマイクを使って皆に話を聞かせてきました。その時、稲盛さんは、それまでになく厳しい口調で言われました。

「今、このテーブルで『本当にどれだけ再生できますか』という意図の質問が出た。そういう人がいる限り、この会社はよくならないぞ！　リーダー層が燃えなくてどうするんですか⁉　皆で燃えましょうや」

激昂《げきこう》した稲盛さんの顔は真っ赤でした。

そのまま稲盛さんは怒って退席されました。付き添った秘書の話を後で聞くと、稲盛さんは、「まだまだ、全然ダメだ！」と独り言のように仰っていたそうです。なかなか伝わらない、理解されないもどかしさでいっぱいだったのでしょうね。

また、役員がＪＡＬフィロソフィの実践を管理職クラスに話すリーダー勉強会で、ある役員が、「土俵の真ん中で相撲を取る」という項目について、「土俵際に追い詰められたらどうするか」を話しました。

それを聞いていた稲盛さんは、しばらく黙考した後で発言されました。

「今の発表は、フィロソフィの意図と全然違う。フィロソフィは、〝常に土俵の真ん中にいる〟という心構えを言っているのであって、土俵際に追い詰められた時の対策を講じているんじゃない」と、厳しい口調でバッサリ否定されました。

その場は凍りついたようでしたが、稲盛さんは、役員であれ誰であれ、「違うことは違う」と明確に指摘されます。物事に毅然《きぜん》として対応される稲盛さんの一面を見た思いがしました。

●JALフィロソフィ策定

JALフィロソフィの策定のために、リーダー教育の受講者から10名が選ばれたワーキンググループが発足し、私は事務局側としてその取りまとめを担当していました。京セラのフィロソフィが元にはなっていますが、私たちJALの社員が、新しいJALを創るために必要な考え方・思いを40項目に込めました。

JALフィロソフィの推敲を重ねて最終版がまとまり、稲盛さんに聞いていただく会が開かれました。京セラから来られた意識改革の実務を担当されている方からは、「『作りなおせ』とダメ出しされる可能性もある」と聞いていましたが、稲盛さんから問題点を指摘されたのは6項目ほどでした。稲盛さんの指摘をいくつか挙げると――。

◆本音でぶつかれ

「何でもかんでも、本音でぶつかればいいものではない。会社を良くしたいとか、このプロジェクトを良くしたいという善意がなければダメだ」

◆お客さま思い

「これは、お客さまへの思いなのか、お客さまからの思いなのか、分からん。この言葉を受け取った社員が分かりやすいように書かなくてはダメだ」

そのアドバイスを元に、「お客さま視点を貫く」に修正しました。

◆自ら燃える

「(人間には)自分で火を起こせる自燃性、誰かの火を見て自分も燃え上がれる可燃性、燃えている火を見て冷やかな目で見る不燃性がある。少なくとも可燃性の人がいれば、プロジェクトは成就する」

◆一人ひとりがJAL

この項目は、稲盛さんから「非常に素晴らしい」と誉められました。

社員の間では、初めのうちこそ、「意識改革の教育は意味があるのか」「宗教っぽい」などと反発する意見もありました。それが今では、稲盛さんの言葉と共に社内の壁にJALフィロソフィが貼られていたり、社員同士の会話でも、「今日は〝最高のバトンタッチ〟ができたね」などと日常的に使われるようになりました。意識改革の教育は、今も継続されています。

私自身は、意識改革推進部に3年いて、その後は運航乗務員になるべく訓練に戻り、

2015年からは、ボーイング767の副操縦士として乗務しています。

今、新型コロナウイルスの影響で、経営破綻以降最大の逆風を受けています。それでも、社会的使命を持って事業を継続し、社会に貢献しなければいけないと思っています。

稲盛さんは、危機に対する姿勢を、口を酸っぱくして仰っていました。

「『もうダメだな』と思うと本当にダメになってしまう。逆境にくじけず、不撓《ふとう》不屈の心を持てば、必ず物事は成就する」

存在の次元転換への覚醒体験となった塾長の一言、「ユニバーサル・ユニティよ！」の衝撃

矢﨑　勝彦（一財）京都フォーラム理事長・㈱フェリシモ　元会長）

1989年に京都盛友塾から「盛和塾」大阪の発足を機に、塾の新紀元を画すべく、塾長の全国展開構想を受けてスタートした「盛和塾」は、1992年4月の創刊号から156号の機関誌を発行しました。当時塾長の意向を受けて、全国展開構想や機関誌を起案し、その創刊号から91号まで17年間、編集長を務めたのが矢﨑勝彦氏であり、その実務を編集担当したのが浅田厚志（当社代表）であり、爾来《じらい》、矢﨑氏と浅田は盛和塾本部のスタッフと共に、機関誌の企画、編集にあたる同志でもありました。

本書の企画を浅田より矢﨑氏に依頼をしたところ、「叱られた」ことは数多くあるが、ご自身の体験にとって、いわば経営者としての私心を諭し「公」さらに「公共」へと「心を高め、経営を伸ばす」、すなわち全てが、より高次の和合の経営の道に至る、いわば縁起の法であったと今は受けとめているという。中でも氏にとって最高の魂レベルでの「体得」の道への導きは「ユニバーサル・ユニティよ」という言葉だった、とのこと。長年、経営の実践・実学を通して哲学の深掘りを続けてこられた矢﨑氏には、当社のインタビューよりも、ご本人に執筆していただいたほうがその意図が明確に

伝わるであろう、と考えて「盛和塾の機関誌に毎号書いておられた『あとがき』のつもりで、執筆していただきたい」と浅田から依頼。ご多忙の中、快くご本人に筆を振るっていただいたのが、この原稿です。久しぶりの矢﨑哲学のさらなる進化と深化に、往事と重ねてご一読いただければ、機関誌時代の「あとがき」からもいま一度その深まりを受け取り直す機会ともなるかと思い、一言ご案内させていただきました。

●「理念を高め続ける経営」の道

「事業の隆盛と人徳の和合」を目的として、盛和塾と名づけ「大阪」を立ち上げ、全国への支部拡大において大きな役割を担った矢﨑氏。半世紀以上前に、当時まだ現在ほどに普及していない「無店舗」と呼ばれる通信販売事業の経営理念を、草創期の「超店舗」から、「幸福社会学の確立と実践」へと高次化した。その後、京都盛友塾での稲盛塾長の「私が経営者としてやってきたことは、理念を高め続ける日々でした」の言葉に出合い、その確信を深めたという。

初めての出会いで稲盛塾長から開口一番にこの言葉を聞いて、「この人は本気で生きておられる人や、本物や」と直感しました。私自身、「超店舗」を草創期の理念に掲げ、通信販売事業を立ち上げ、私企業レベルの経営体験の呻吟《しんぎん》を重ねていく中で、私企業といえども、社会との関係へと理念を高める必要に迫られて「幸福社会学の確立と実践」へと理念を高次化させ、社の内外に発表した直後のことです。

１９６５年、フェリシモ（当時の社名はハイセンス）は通信販売という「無店舗」での商売を始めました。しかし、米国の商業統計のノン・ストア・リテイリングを直訳した「無店舗」では夢を思い描けませんでした。これからの人生を賭けていく仕事にしようとした時、そのヒントになったのが禅語の「超仏越祖《ちょうぶつおつそ》」という言葉です。仏である釈尊や開祖ダルマを超えて宇宙大に心を開け、という意味です。この言葉に勇気をもらい、草創期の理念として無店舗を「超店舗」としました。すると、「無店舗」の考え方では見えなかった未来像が、「超店舗」と高次化することで、「店舗」が商圏に制約されることを「広域の価値集約」として超えていく道が見え、また店舗がメーカーで作られたモノの販売の場に限定されることを「未来価値の現在化」として、モノを超えた人間として内包しているアクティブなイマジネーションが、ビジョンとしてどんどん見えてくるようになりました。

矢﨑氏

年率40％超の発展の経営を20年以上続けた後、「超店舗」の理念をさらにもっと高次化させ、社会化させることはできないかと考え続け、社会学者の見田《みた》宗介先生の書籍『価値意識の理論——欲望と道徳の社会学』によって新理念への道が開かれました。アリストテレスの「諸目標の目標としての幸福論」に加えて、その序章で「幸福を学問化した学者はいない」と書かれていました。そこで、「そうか、幸福を学問化し、かつ、それを事業化することができるのだ」と気付きました。それから自分の企業レベルだけではなく、社会全体が幸福を目標とせねばならないと考え、「幸福社会学の確立と実践」へと社の新理念を高次化させました。

その後に、先の稲盛塾長の言葉に出会い、自分の実感が間違いではなかったと確信したのです。自分が徒手空拳でやってきたことを、偉大な先輩経営者によって先述の言葉にしていただき、大変勇気付けられたことを、30年以上経った今もハッキリと覚えています。

後に大阪塾を立ち上げる際、塾長の京都盛友塾でのお話の核心と感じた「事業の隆盛と人徳の和合」を塾の目的とし、かつ、塾長の姓と名から「盛和塾」と名付けた塾を開きたいと思い、塾長に「大阪は盛和塾と名乗りたい」と申し出ましたところ、その場で、今後、塾名を「盛和塾」と統一し、全国展開を図ろうと指示されました。全国展開に当たっては、塾長の意向を受けて、私自身全国展開構想チャートを作り、京都大阪共同提案として塾長同席の世話人会で発表し、承諾を得てスタートしました。具体化に当たっては、実際に私たち塾生が一人一塾運動として知り合いの経営者に声を掛け、各地に赴きまして、その下地を作りました。

当初は、京都、大阪がそうであったように、先にあった東京、鹿児島を含め、塾長の「各塾が自分達で会費を決め、規約を作って自由にやっていけ」というお言葉を受けて、塾生が地域ごとにそれぞれ独自に運営していた塾が順次全国的に広がっていくと、徐々に変化していきました。各地で別々に立ち上がった塾が、やがて全国組織となり、全国大会も始まり、機関誌もでき、その規約もできて、全ての塾が稲盛塾長の下の盛和塾となって、各塾の塾生たちがそれぞれ別々に想い描いていた当初の塾構想とは変質していきました。

今、開塾当時を振り返りますと、稲盛塾長は京都盛友塾の中心メンバーに経営を教えてほしいと言われてスタートされましたが、

２０１９年盛和塾はなくなりました。自分の亡き後に自分の名を冠した盛和塾がバラバラに一人歩きしてはいけないと一代で終わられました。他の会の流れなどから憂慮されての稲盛塾長らしいご判断だと思っています。

企業データ

企業名●〈非営利〉（一財）京都フォーラム
設立●1989年11月3日
所在地●大阪市北区梅田1-1-3 大阪駅前第三ビル25階
事業内容●「地球の危機に対して宗教と科学はいかにあるべきか」を出発点として、学識者と経営者による産学共働の世々代々公共幸福道文化の創造を目指す

●「ユニバーサル・ユニティよ！」塾長の衝撃の一言

私の場合、『稲盛和夫に、叱られた！』とは、次元の違う話ですが、私にとって、１９９３年に和歌山の開塾式での塾長講話とその後の塾長とのやりとりは自分史レベルでは魂レベルでの体得の道への画期的な覚醒体験となり、機関誌「盛和塾」の７号のあとがきに当時の思いを書かせていただきました。

その時の講話は、いわば、科学者としての理論と経営者としての実践が融合し、稲盛哲学が理論化された歴史的なものでした。宇宙の生成、物質の根源から説き明かし、宇宙の意志は万物の生成、成熟に向けて善き方向へ和合させるように働いている。しかし、その大宇宙の本来の生命の働きを阻むのは私たちのエゴであると話されました。

私は感動し、乾杯の発声の後、席へ戻るなり、「今日のお話しは、ユニバーサル・アイデンティティですね」と申しますと、塾長はしばし考えられて「いや、ユニバーサル・ユニティよ」と返されました。私はこの一言に大きな衝撃を受け、二の句が継げませんでした。自分なりに宇宙の摂理と人類の幸福、そして経営哲学を考え続けていただけに、大変な衝撃を受けました。当時、私はまだ宇宙大といっても自己のアイデンティティの拡大レベルで考えていたのです。塾長はユニバーサル・ユニティ、つまり宇宙大の和合の集団という、いわば内包的潜在能力をもつ存在として、実在としての意識を宇宙大に開け、和合にまで体得の境涯を高めよ、

矢﨑氏（左）と稲盛氏（右）

と話されたのです。

後日、改めて受け取り直してみて、「近代化」以降、我々はこれまで周りの存在から個人、企業、民族、国家という別々の枠組みで分別するアイデンティティによって自己を切り離し、いわば「殻をかぶった自己」として自らを再認識し拡充する方向のみを追求してきたことに気付きました。しかし、昨今、そのような「近代化」の文明の主観主義的な意識レベルにとどまったアイデンティティレベルの自我の意識こそが、諸々の問題の原因となる認識であったとその猛反省が広がっています。宇宙大の開かれた心から見れば、深層の我執化レベルも含め、意識化することで気付かず分離分割していること、つまり「無知」の陥穴《おとしあな》にはまり、相対レベルの意識の形而下《けいじ》の次元で、それぞれの意識の分別が存在の分別を生み、差別の原因となるなど、いろんなレベルでの「意識」や「存在」次元での対立や闘争を引き起こす真因になっているのです。

塾長は万物相互の結び付きの中で、個を超えた和合を求めて織りなす本来の宇宙的生命、このような深遠な宇宙大の生命の営みをユニバーサル・ユニティと言われたのだ。「そうか、自己を宇宙大に拡大しても、個としての自己の拡大であって、深奥なる宇宙大の生命の働きである、和合することへの気付きではない。塾長が言われたのは、本来の宇宙大の生命が持つ働きとしてのマクロコスモスとミクロコスモスが、一如であり、一体であり、一元である、梵我《ぼんが》一元・万物一体レベルの宇宙大の大いなる和合だ」と気付き、その思想の宇宙大の大きさと深遠さに感服いたしました。

私の今生《こんじょう》の人生にとって、自身の魂の体得の道へと「存在の次元転換への覚醒体験」となった、塾長直伝の貴重な叱責の一言でした。

●部分は悪であり、全体が善

京都フォーラムでは、発足時から「諸目標の目標としての幸福」と「全体的破壊を避けるという目標」、つまり世界が内包するネガ・ポジの双面的目標について内包的問題意識を教材化する試みとして、科学と宗教と哲学の対話と実践に向けての討論の場を平成元年から30年以上続けて提供しています。

京都フォーラムについて、その成り立ちから話しますと、ビキニ環礁で行われた水爆実験で被ばくした、第五福竜丸船員の死の灰の分析で有名な、京都大学の物理学教授清水栄博士との広島の禅堂での出会いがあります。仄聞《そくぶん》によれば清水先生は、当時、理論の湯川、実験の清水と呼ばれ、二階と一階に研究室を持つ京大物理学の双璧の教授だったそうです。先生はその分析結果を清水レポートとして科学者の国際会議で世界に知らしめました。そのレポートは後にラッセル・アインシュタイン宣言となって、核に対する世界の識者の認識が深まるきっかけを作りました。幾度も語られた清水先生の晩年の述懐「良心だと、つながるんだよなあ」は、こうした体験を受け取り直しての一言だったのです。

また、後の科学者京都会議で哲学者の谷川徹三氏が「アインシュタインの原則」としてまとめられたのが「全体的破壊を避けるという目標は、他のいかなる目標よりも優先させねばならない」です。

全体的破壊を避けるという目標は、元々、核の開発競争への危惧が起因ではありますが、1992年にリオで開催された地球サミット以来の地球環境問題にもつながっています。いま、世界的に喧伝され、認識されている地球環境破壊の危険性です。

全体的破壊というと、私はインドの詩人タゴールの思想を思い出します。タゴールは、部分は悪であり全体が善だとし、全体というのはインド思想でいう宇宙、つまり「梵」です。自己と世界の関係について、自然というのは私たちと別のところにあるのではなく、実は我々自身であると解釈します。全宇宙が私たちの拡張された肉体というわけです。従って梵我一如《ぼんがいちにょ》、梵我一体、さらに梵我一元へと自己と大宇宙の一元、つまり梵我一元の求道の生き方である梵行こそが、目指すべき真の生き方としての人生全体、つまり善であることに気付かされます。

いわば課題解決のための「核開発」や「地球環境」といった外延的課題解決の次元を、より深く、より根源的な神仏のまことの実践レベルまで内包的問題意識として教材化することで、私たち一人ひとりに内包するケイパビリティの全体的破壊を避けるという目標こそが、他のいかなる目標にも優位せねばならないと痛感させられています。

一方、我が国のコロナ禍への対応に見られるように「課題解決」的に、世界中の国々が政治も行政も、専門家任せの無責任な部分的対策に終始する考え方が世界規模に拡大している。これが、いま地球大の一番根源的な「無知」「無明」次元に生きている、私たち一人ひとりの深い精神性の全体的破壊という最大の問題だと痛感しています。

●全ての存在は宇宙大の和合を目指す

1998年4月から「公共哲学共働研究会」がスタートし、後に東京大学出版会からその一部が「シリーズ公共哲学」として出版されました。

「シリーズ公共哲学」の背景となったのが、1997年8月、海外から陽明学者が一堂に会し、国内からも多数の陽明学者の集った、我が国初の陽明学の国際会議を、陽明学の世界的権威である九州大学の岡田武彦教授を議長に京都フォーラムの学術部会と実践部会として開催したことにさかのぼります。

岡田先生からは当時何度も「良心・良知だと世界の最先端を生きることになる」と励まし続けていただいたのが、30年以上経って改めて実感される日々です。

この会議の後にハーバード大学杜《と》維《い》明《めい》教授と会合し、その後、日米で公共哲学研究への道が始まったのです。外から、上からの教育を目指す米国側と、内から、下からの永続的学びと実践を目指す日本側が独自に求道の旅を歩み始めたのです。

この後、各大学で「公共」を冠する学部がどんどんできるなど、学問の構造改革にはいささか貢献できたかと自負していますが、全ての存在が宇宙大の和合を目指すレベルには残念ながら今のところ日暮れて道遠しの感です。

しかし、一人ひとりが経営者として、資本主義や産業化社会のさまざまな問題が将来世代の最大の問題意識として教材化される中、若手経営者を相手に盛和塾で稲盛塾長が教え、導いてこられた企業経営の基盤作りの次元を、さらに永続的発展的に、高次化、社会化させるべく、それぞれが個人として、企業経営者として、世々代々的に各自に内包する問題意識を教材化して、自身の道を深め、高め、広げ続けていくことは、いまや地球大レベルとなった経営者の責務として、いまこそ非常に重要だと感じています。経営者として真の経営や人生を目指すためには、一人ひとりが、神仏のまことを生きる自覚と実践による経験価値を進化・共進化・公共進化させ続ける道、すなわち全ての存在が、宇宙大の和合を目指す文化の道として開かれ続けねばならないと痛感しています。

私は立場上、塾長にも耳障りのよくないことも多々申し上げました。何より私自身、本部理事、編集委員長として17年間、常々心掛けたのは、盛和塾会報誌の91号のあとがきにも書いたように、たえず自分の良心に忠実でありたい、この一点でした。

草創期の稲盛塾長の一言一句には迫力がありました。ですが、いつからか全知全能を振り絞っての講演というよりも、文章で書かれた原稿を読み上げられるように変わっていきました。むろん塾長の言動の影響力が大きくなったこともあるのでしょう。しかし、稲盛塾長といえども、肉声の言霊と書かれた文字では伝わる生気のエネルギーに違いがあるような気がして、少々、残念な思いがしていました。しかし後日、大乗仏教の歴史を振り返ると、文字化し翻訳されることで仏教がより広く普遍化されて、文化として世界に広がり、大乗仏教化していったことも事実です。いまは、個人としての場のムードや感情レベルよりむしろ、普遍化される知識の世界的な広がりとその実践道にこそ、期待すべきだと感じています。

私から盛和塾の元塾生に伝えることは多くありません。

一つはタゴールの思想で、これは今もインドで重要な地位を占めています。彼の世界観の基調をなすものは「万物一体観」で、彼の思想の核心は、部分は悪であり、善である宇宙大の全体最適としての和合を目指せ、という意味だと私なりに受け止めています。それは塾長がかつて私に言われた「ユニバーサル・ユニティ」に符合するところです。

いま一つは、先の詩人のタゴール、政治のガンジーを超えるといわれる、インドの近代思想の巨星オーロビンドの思想で、彼の主著「神の生命」について毎日、昼休みにＺｏｏｍで「和弁共働研究会」として宇宙大の和合目指して老若男女を混えての学びの場を持っています。

テキストとしての「神の生命」は、あまねく存在する「聖なるまことの現実」を万象世界に観る、いわば、神仏のまことを生きる自覚と実践の「神の生命《いのち》」としてのまことの道を説く、これまでの世界史や人類史を一変させる著者渾身の大著です。ぜひご身読をお勧めします。改めて、最後に「神仏次元のまことを生きる経営者しか、『経営』や『経営者』を真の意味で変革することはできない」と齢八十を前にして痛感しています。インドの思想家、オーロビンドの言う根本無知、根源無知（無明）に気付かぬまま、「意識」レベルで分離・分裂するという無知の陥穴にはまり、編集後記を書き続け、自我の拡大強化という傲慢の道を歩み続けてきたことを深く懺悔いたしております。永い間、傲慢病にお付き合い下さり、心より感謝いたしております。

合掌

稲盛和夫創業の原点

ある少年の夢　加藤勝美

数多くある稲盛氏関連書籍の中でも、1979 年、稲盛氏 47 歳の時に書き下ろされた最初の本。
後に続く書籍のベースとなった本書は 40 年近くたった今も輝きを放ち、ロングセラーであり続けている。
20 代から 40 代にかけての稲盛氏の言動ほか、京セラ所蔵の貴重な写真とともに稲盛哲学のルーツを克明に描く。

ISBN978-4-88338-295-8
四六判、並製、440 頁
定価 1,676（本体 1,524 円 + 税 10%）

年若い読者へ

平凡な田舎育ちの少年が
その成長の過程で自分の希望する方向にすすむ事が出来ず、
本人も周囲も
小さなまた大きな失望をくりかえしながらも
生きる喜びと情熱を失うことなく
明るく積極的に人生を歩むそのうちに、
少年自身が
想像もつかぬ明るい未来が大きくひらけてゆく。
この事実を
その生きて来た過程を
混迷する現代において
希望を見失いがちな今の世代の少年たちに
ひそかに語りかける事によって
人生における希望と明るさを
とり戻してほしいという願いをこめて。

稲盛和夫（本書冒頭より）

思い続けることで夢をかなえた人
稲盛和夫

結核の発症、戦争、受験の失敗など、さまざまな困難、失敗を乗り越え、強い思いを持ち続けることで夢をかなえた、ある少年の物語

文：加藤勝美・なりきよようこ
絵：櫻井さなえ
ISBN978-4-88338-565-2
A4 判、上製、32 頁
定価 1,320 円（本体 1,200 円＋税 10%）

西郷 大久保 稲盛和夫の源流　島津いろは歌

薩摩精神の真髄は、累代の島津武将、維新の志士たち、そして現代に活躍する人物たちへと、いかに生かされてきたか？　島津日新公が「いろは歌」に託した人間教育の理念と、現代人へのメッセージとは？

著：斎藤之幸
ISBN978-4-88338-244-6
四六判、並製、304 頁
定価 1,870 円（本体 1,700 円＋税 10%）

稲盛和夫に、叱られた！　――38人の学びと喜び――

2021年12月22日　初版第1刷発行

発　売　所　　株式会社 出版文化社
〈東京本部〉
〒104-0033
東京都中央区新川1-8-8　アクロス新川ビル4階
TEL：03-6822-9200　FAX：03-6822-9202
E-mail:book@shuppanbunka.com
〈大阪本部〉
〒541-0056
大阪府大阪市中央区久太郎町3-4-30　船場グランドビル8階
TEL：06-4704-4700㈹　FAX：06-4704-4707
〈名古屋支社〉
〒456-0016
愛知県名古屋市熱田区五本松町7-30　熱田メディアウイング3階
TEL：052-990-9090㈹　FAX：052-683-8880
発　行　人　　浅田厚志
取材・執筆　　河崎貴一、戸高米友見、成相裕幸、本多カツヒロ、山村基毅
印刷・製本　　中央精版印刷株式会社

Edited by Kazuma Mori, Atsuko Inoue
ISBN978-4-88338-691-8　C0034